Heinrich Belling

Kritische Prolegomena zu Tibull

Heinrich Belling

Kritische Prolegomena zu Tibull

ISBN/EAN: 9783743344662

Hergestellt in Europa, USA, Kanada, Australien, Japan

Cover: Foto ©ninafisch / pixelio.de

Manufactured and distributed by brebook publishing software
(www.brebook.com)

Heinrich Belling

Kritische Prolegomena zu Tibull

Kritische Prolegomena zu Tibull

von

H. Belling,
Oberlehrer am Askanischen Gymnasium zu Berlin.

. TU MIHI CURARUM REQUIES.

Berlin.
Weidmannsche Buchhandlung.
1893.

ALMAE MATRI PORTENSI

a. d. VIII Kal. Iun.

QUOD SPIRO ET PLACEO SI PLACEO TUUM ST.

Im A(mbrosianus) des Tibull lautet das distichon I 4, 43. 44[1]):

quamvis praetexens picta ferrugine caelum
venturam amiciat imbrifer arcus aquam.

Da *picta* nicht nur im A und V(aticanus), sondern auch in y (= A Lachmanns) e e, *nubifer* oder *nimbifer* nur in ς stehen, bot der archetypus[2]) sicher:

                picta — imbrifer arcus. Doch schreibt
Lachmann: picea — imbrifer arcus;
Rossbach (1862): picea — imbrifer arcus;
L. Müller: picea — nimbifer Eurus;
Bährens: picea — nubifer ortus;
Haupt-Vahlen: picea — nimbifer curus;
        Hiller: picea — nubifer eurus, letzteres unter Hinweis auf Seitz de adiect. poet. Lat. compos. pg. 21 (Bonn 1878).

Dass Hiller, der den Text auf A basirt, 1885 diesen Vorschlag in den Text aufnahm und dass Seitz ‚de fixis poetarum

---

[1]) Die Zahlen der Elegikercitate werden nach der editio quinta ab Johanne Vahleno curata gegeben.

[2]) Den kritischen Standpunkt, von dem die Untersuchung ausgeht, mögen zwei Citate kennzeichnen. Bährens schrieb in den ‚Tibullischen Blättern' 1876 pg. 61 sq.: „Aber freilich darf man nicht glauben, dass er [der Ambrosianus] nun allein genügt, um uns den Archetypus zu ersetzen. Von diesem sind offenbar mehrere Abschriften gemacht worden, die dann wiederum vervielfältigt die verschiedenen Klassen unserer jungen Handschriften erzeugten." (Vgl. Rothstein, de Tibulli codicibus pg. 49). Magnus sagt im Jahresbericht für Alterthumswissenschaft LI (1887 II) pg. 803 sq.: „Es sprechen gewisse Anzeichen dafür, dass aufser A (resp. der Kopie des Arch., aus welcher A geflossen ist) noch mindestens zwei Abschriften vom Arch. genommen wurden, deren Nachkommen uns bekannt sind."

Latinorum epithetis' (Elberfeld 1890) pg. 18[1]) auf ihn zurückkommt, ist auffallend, da F. Leo im zweiten Heft der ‚Philologischen Untersuchungen' 1881 pg. 18 sq. Rückkehr zur Überlieferung *picta* und *arcus* empfohlen hat mit der Begründung: „*picta* und *arcus* bedingen sich gegenseitig und die ersichtliche Beziehung der beiden Wörter auf einander kann nicht zufällig sein. Die eintönige Rostfarbe des Himmels vor dem Regenguss (ferrugo) wird von den Farben des Regenbogens bemalt." Die Richtigkeit dieser Erläuterung ersieht man aus Lucrez (de rerum natura, rec. Bernays) VI 526 ‚color in nigris existit nubibus arqui' und Cic. de natura deorum III 20 ‚arcus ex nubibus efficitur quodam modo coloratis'[2]).

Darnach ist an *picta ferrugo* nichts auszusetzen. Dagegen ist die Verbindung *picea ferrugo* unseres Erachtens geradezu falsch. Man kann einerseits sagen *ferrugo obscura* (Vergil.[3]) georg. I 467; Ovid. metam. V 404) und *ferrugo atra* (metam. XV 789), andrerseits *picea caligo* (georg. II 309; metam. I 265: II 233); aber *ferrugo*, welches nicht einfach synonymum von *caligo* oder *tenebrae* ist, sondern den Vergleich mit der Farbe des *ferrum* enthält, kann nicht wohl durch ein Adjectiv bestimmt werden, welches einen anderen Vergleich enthält.

Was die Erwähnung des *arcus* im Zusammenhange der Stelle bedeutet, zeigen die von Leo herangezogenen Worte Senecas (nat. quaest. I 6): ‚ut ait Vergilius noster (georg. I 380 sq.): et bibit ingens arcus, cum adventat imber: sed non easdem, undecumque adparuit, minas adfert'. Die Belegstelle ist so treffend, dass wir nur der Vollständigkeit wegen noch aus Plautus Curculio v. 129 citiren: ‚ecce bibit arcus: hercle credo, hodie pluet'. Aber es ist nicht nur unnötig, sondern es ist das Gegenteil einer Verbesserung, wenn man für das überlieferte Wort *eurus* einsetzt. Denn wer *praetexo* wie Bach[4]) durch ‚obduco, cooperio' oder wie Dissen durch *cingo* erklärt, verkennt die scharf ausgeprägte Bedeutung des Wortes. Noch

---

[1]) Vgl. Wochenschrift für klassische Philologie X (1893) pg. 431.
[2]) Vgl. auch Broukhusius' Commentar pg. 86.
[3]) opera a M. Hauptio iterum recognita.
[4]) Tibulli carmina, ed. Bach. Lipsiae 1819.

feiner als von Vergil ecl. 7, 12 (praetexit arundine ripas) und von Tacitus Germania 34 (utraeque nationes usque ad Oceanum Rheno praetexuntur) ist das Verbum hier übertragen. Der dichterische Ausdruck vergleicht die *picta ferrugo* mit dem Purpur der toga praetexta. Zu dem so richtig aufgefassten ‚praetexit caelum' ist *arcus* das passendste Subject, das es geben kann. *Arcus* ist in demselben Mafse wie in ‚bibit arcus' personificirt; er bedient sich der *picta ferrugo* wie ‚(nebulae aestusque) suffundunt sua caelum caligine' (Lucr. de r. n. VI 479). *Ferrugo* ist für den dunkelvioletten Untergrund, von dem sich die *varii colores* (Verg. Aen. V 89; Ovid. metam. I 270) abheben, ebenfalls das geeignetste Wort; man vergleiche nur Verg. Aen. XI 772 (peregrina ferrugine clarus et ostro), auch Aen. IX 579 (pictus acu chlamydem et ferrugine clarus Hibera) und georg. IV 183 (ferrugineos hyacinthos). Kurz: auch *praetexens* einerseits, *picta ferrugine* und *arcus* andrerseits ‚bedingen sich gegenseitig und die ersichtliche Beziehung der Wörter auf einander kann nicht zufällig sein'.

Wenn nun aber Leo, der in V. 44 mit den Herausgebern[1]) *admittat*[2]) annimmt, weiter sagt: ‚der Bogen führt das Wasser heran' und diese Auffassung durch die folgenden Worte Senecas: ‚a meridie ortus magnam vim aquarum vehet' bestätigt zu finden scheint, so darf man ihm aus mehreren Gründen nicht mehr folgen. Zunächst steht das Tempus entgegen; Seneca sagt nicht *vehit* sondern *vehet*. Ferner steht den Worten ‚magnam vim aquarum vehet' gegenüber: ‚(si circa occasum refulsit,) rorabit et leviter impluet'; sie müssen darnach den

---

[1]) aufser Bährens, der *indicat* in den Text setzt.
[2]) admittat: y d c; amiciat: A c; annutiat: V g; annuntiet: ς. Für *amiciat* führt Broukhusius pg. 413 an: B (codex alter membraneus D. Joannis de Witt) [= c Lachmanns?], St. (usus est Statius codicibus antiquis non minus decem), unus Gebh. (Gebh. = variae lectiones sex codicum Palatinorum et membranarum Comelinianarum, quibus usus fuit Janus Gebhardus): ferner aus N. Heinsius' excerpta codicum Anglicanorum: A (codex manuscriptus bibliothecae Bodleianae, ex dono archiepiscopi Cantuariensis). Vgl. J. H. Voss (T. nach Handschriften berichtiget, Heidelberg 1811) pg. 195: ‚Für *admittat* zeugen bei mir neun; die anderen bieten *amiciat* und *nunciat*'.

Sinn haben: multum pluet. Also bedeutet *vehet m. v. a.* nicht ‚er wird viel Wasser heranführen' sondern ‚er wird starken Regen bringen'. Aber selbst wenn Seneca oder ein anderer sagte, der Bogen führe Wasser oder Regen heran, so wäre das für die vorliegende Stelle insofern belanglos, als *admittat* weder ‚heranführen' bedeuten kann, noch ‚incitet, impellat', wie Heyne, oder ‚concitet, acceleret', wie Dissen meinte, unter verkehrtem Hinweis auf ‚admittere equum' und Stellen wie Ovid. amor. I 8, 50 (ut celer admissis labitur amnis aquis) und metam. I 532 (admisso passu), da auf die dabei zu Grunde liegende Bedeutung ‚einem Dinge seinen Lauf lassen'[1]) an unsrer Stelle nicht zurückgegangen werden kann. Eine der Stelle und dem Sprachgebrauch gerecht werdende Erklärung des *admittat* sucht man vergebens; Tibull, der wohl wusste, was *admittere* bedeutet[2]), hat es hier nicht geschrieben.

Diese Lesart müssen also auch diejenigen aufgeben, welche wie Leo meinen, *admittat* liege den verschiedenen Schreibungen zu Grunde. Diese Meinung ist keineswegs einwandsfrei. In O (so bezeichnen wir den Stammvater der Familie A V) hat *admittat* jedenfalls nicht gestanden. Beobachtet man, wie oft in diesen Handschriften die Buchstaben c und *t* (t) verwechselt sind, so möchte man als Grundlage von *amiciat* (A) und *amutiat* (V) vermuten *anuriat* oder auch *amiziat*, womit doch ursprünglich nur *adnuntiat* gemeint sein kann. Dass nun in dieser einen Handschriftenklasse *ammittat* in *annuntiat* verderbt wäre, hätte nichts auffälliges. Aber eine ähnliche Lesart, wie wir für O vermuteten, müsste auch in einer andern Abschrift des Archetypus eingedrungen sein, da eine so sinnlose und metrisch so unrichtige Lesart wie *amiciat* in c nicht als Interpolation statt *admittat* aufgefasst werden kann und die ebenfalls unrichtige Lesart *annuntiet* in ς doch auch nur als Correctur eines überliefert gefundenen *annuntiat* erklärlich ist. Da umgekehrt *admittat* sehr wohl statt der einen oder andern metrisch unmöglichen Form conjicirt sein kann, scheint es uns metho-

---

[1]) Vgl. die Ausgabe der metam. von Haupt-Korn.
[2]) Vgl. I 6, 56: si tamen admittas, sit precor illa levis.

disch richtiger zu sein, anzunehmen, dass im archetypus etwa *ἀπάτιαι* gestanden hat[1]).

Diesem Prädikat ist ein Vorzug nachzurühmen, nämlich dass man sich daneben *venturam* einigermafsen erklären kann. Eine Erklärung wäre vielleicht nicht nötig, wenn in diesem Zusammenhange wie Ovid. metam. I 269. 271 (hinc densi funduntur ab aethere nimbi, concipit Iris aquas, alimentaque nubibus adfert) von einer Verstärkung sich bereits ergiefsenden Regens durch Iris die Rede wäre; oder wenn wir so ohne weiteres berechtigt wären, unter *aqua* den *umor* zu verstehen, von dem Lucrez de r. n. VI 495 sqq. sagt: ,nunc age, quo pacto pluvius concrescat in altis nubibus umor, et in terras demissus ut imber decidat, expediam'. Freilich würde unseres Erachtens selbst in diesen Fällen eine besonnene Exegese Bedenken tragen, aus dem einfachen *venturam* herauszulesen: (das Wasser,) welches in der Form von Regen niedergehen wird. Wenn nun aber unter *aqua* nur *pluvia* oder *imber* verstanden werden kann, erheben sich gegen *venturam* Bedenken. Der Sinn des Satzes muss sein: wenn auch ein Regenguss heranzieht. Dann ist es unangenehm, zur Begleitung aufgefordert zu werden; ein Regen, dessen Heranzug noch in der Zukunft ist, könnte sie schon wieder zu Hause finden, selbst wenn es sich um eine *via longa* handelt, was im vorhergehenden distichon[2]), aber nicht hier zugesetzt wird: *ventura aqua* gäbe eine alberne Entschuldigung. Ferner steht, wie Seneca sagt, der Bogen am Himmel ,cum adventat imber', nicht ,cum adventabit (adventura est)'; ,aqua venit' ist nicht gleich *pluit*, sondern ungefähr gleich *pluet*: also kann ,aqua veniet' nicht heifsen *pluet*.

Bei dem Beweise, dass *venturam* sich genügender Erklärung entzieht, ist das verbum finitum absichtlich aufser Acht gelassen; er bleibt bestehen, mag dasselbe sein, welches es wolle. Nehmen wir nun *admittat* in den behaupteten Bedeutungen hinzu, so kann wohl das Kommen des Regens, d. h. das Tempo einer *aqua veniens* beschleunigt werden, aber nicht das eines

---

[1]) Vgl. Illmann, de Tibulli codicis A. auctoritate (Halle 1886). pg. 33.
[2]) neu comes ire neges, quamvis via longa paretur et canis arenti torreat arva siti.

Regens, der noch gar nicht im Kommen ist, sondern erst kommen wird. Andrerseits sagt Dissen: ‚admittat non est: adducat, adigat, qua ratione eximie langueret *venturam*'. Wir meinen, ‚venientem pluviam adducere' wäre unerträglich tautologisch, ‚venturam pluviam adducere' enthielte einen Widerspruch. Dagegen konnte, wer *annuntiat* schrieb, durch den Gedanken, dass der Begriff dieses Verbums sein Object gewissermafsen in die Sphäre der Zukunft mithinüberträgt, und durch die Not des Metrums, welches *venientem* nicht vertrug, bei geringem Verständnis der Sprache auf *venturam* verfallen. ‚Venturam annuntiat' ist überliefert. Das erste ist unmöglich tibullisch. Dass Tibull das zweite dreisilbig gemessen habe, ist ausgeschlossen. *Venturam* schrieb, wer *annuntiat*[1]) schrieb, und umgekehrt. Folglich sind diese beiden Worte das Machwerk eines Interpolators.

Was Tibull geschrieben hat, lässt sich natürlich bei dem uns vorliegenden handschriftlichen Material nicht sagen. Er könnte beispielsweise geschrieben haben:

significet pluvias imbrifer arcus aquas,

mit genau derselben Anordnung der Worte, wie sie II 1, 26 zeigt:

significet placidos nuntia fibra deos.

Dass der Interpolator ein vorgefundenes *aquas* in *aquam* änderte, darf man ihm wohl zutrauen. ‚Pluviae aquae' lässt sich aus Tibull freilich nicht belegen[2]), aber aus Propert. IV 5, 32 (purpureus pluvias cur bibit arcus aquas) und Ovid. artis amat. III 173 sq. (tum cum sine nubibus aer, nec tepidus pluvias concitat auster aquas); vgl. Horat. carm. III 3, 56 (nebulae pluviique rores).

Wir haben indes dies Beispiel für die mögliche Gestaltung des Verses nicht gegeben als eine Conjectur, die in den Text aufzunehmen wäre — wir würden vielmehr entweder ‚venturam annuntiat' mit einem † aufnehmen oder eine Lücke lassen —,

---

[1]) oder auch annuntiet; doch vgl. III 6, 29 (quamvis superest).
[2]) I 1, 50 sagt er: tristes ferre potest pluvias.

sondern zunächst, um zu zeigen, dass nun auch der Grund wegfällt, aus dem man das überlieferte *imbrifer* in *nubifer* oder *nimbifer* änderte. Die Vorstellung ‚arcus imbres fert' bedarf keines weiteren Beleges; doch sei auf die von Seitz (1890, pg. 18) gesammelten Stellen für ‚imbrifer arcus', ‚Jris (Thaumantis) imbrifera' hingewiesen. Bei dem Interpolator, der mit unrichtiger Ausdehnung der bekannten Freiheiten Vergils [1]), *annuntjat* zu schreiben wagte, bietet die Kürze vor der Diaerese des Pentameters keinen Anstoss [2]).

Es ist bekannt, dass in den Handschriften Tibulls sicher 4 ganze Verse fehlen (I 2, 25 pent.; II 3, 14a pent.[3]) 75; III 4, 65); nur der letzte dieser Defecte liefse sich auf ein Versehen des librarius archetypi zurückführen. Dass eine Be-

---

[1]) Vgl. pg. 7 in der Einleitung der erklärenden Ausgabe von Ladewig-Schaper³. Am ähnlichsten ist Aen. XI 890: arietat in portas.

[2]) K. P. Schulze (Beiträge zur Erklärung der römischen Elegiker, Berlin 1893) fragt pg. 20, warum nicht auch vor der Diaerese des Pentameters die Silbe verlängert werden solle; es zeige doch eine Reihe von Pentametern diese Dehnung. Unter den angeblichen Beispielen aus Tibull findet man mit Erstaunen I 6, 66: quidquid agit, sanguis est tamen illa tuus (vgl. des Vfrs. Leitfaden der Lateinischen Prosodie, Berlin 1888, § 10); die übrigen kommen unten zur Erledigung. Dafür, dass im Hexameter Silben in der Arsis verlängert werden, weifs Schulze aus Tibull 6 Beispiele bei konsonantischem, 9 bei vokalischem Auslaut anzuführen. Den Reigen der ersteren eröffnet *tardueris*, was Lachmann grade wegen seines prosodischen Unterschiedes von dem I 4, 27 überlieferten ‚tardus eris' conjicirte; es folgen I 8. 15 (illa placet, quamvis inculto venerit ore) und 59 (et possum media quamvis obrepere nocte), wo also nach Schulze *vis* „verlängert" ist. Die übrigen 3 (trahór, geniús, ignoscét) zeigen, dass Tibull über die von den andern augusteischen Dichtern eingehaltenen Grenzen nicht hinausgeht. Von den zweiten 9 ist I 5, 28 (segeté) und I 6, 34 (serváré) wegen der folgenden Consonanten auszuscheiden, ebenso die 3 Stellen, wo *tibi* jambisch gemessen ist (!), nicht minder der Conjunctiv *respueris* IV 1, 8; auch II 5, 67, wo es sich um ein griechisches Wort handelt. Die beiden übrigen kommen unten zur Besprechung.

[3]) An diesen Stellen sind die Verse im Anschlus an E. Hillers Ausgabe bezeichnet.

schädigung seiner Vorlage¹), die ganze Verse verwischte, auch
Teile von Versen vernichten konnte, ist einleuchtend. Dass
dies wirklich geschehen ist²) und dass in diesem Falle der
libr. arch., der die Lücken in t fehlender ganzer Verse unausgefüllt zu lassen pflegte, den verstümmelt vorgefundenen Vers
durch sein Machwerk wieder zu vervollständigen unternahm,
ist hiermit in selbständiger Untersuchung von I 4, 44 aufs neue
erwiesen. Zu genau demselben Ergebnis hat nämlich unsere
im ‚Philologus' 1888 pg. 378—382 veröffentlichte Abhandlung
‚ad Tibulli elegiam II 4' geführt. Dort heisst es pg. 381 bei
der Besprechung der Verse 27—30³): In v. 29 enuntiato *hic dat
avaritiae causas* enuntiatum *et Coa vestis et concha puellis dant
avaritiae causas*, quia Coa vestis et concha sunt causae avaritiae, ineptissime adiungitur. Neque vero aut verba *dat avaritiae causas*, nisi pronomen *hic* subiecti loco servatur, apta
sunt aut verbis quae secuntur coniectura tentatis locum restituere possumus; nam ne vocabulum *puellis* quidem, quia infra
extat *haec fecere malas*, verbi finiti substituendi causa delere
debemus⁴). Apparet igitur aut verba *hic — causas* aut *et Coa
— mari* spuria esse. Atqui illa et parium oppositionem⁵) male
interrumpunt et sequentem in v. 31 comprehensionem inepte
praecipiunt; haec aptissima sunt. Ergo illa v. 29 pars a Tibullo scripta non est⁶). Videtur autem, cum casu, quo proximi
carminis versus complures interisse constat, prior versus pars

---

¹) Diese wird im folgenden mit t bezeichnet.
²) An mutwillige Interpolation der Worte ist bei einem, der solch
Latein und solchen Vers verbricht, nicht zu denken.
³)   o pereat, quicumque legit viridesque smaragdos
     et niveam Tyrio murice tingit ovem.
     hic dat avaritiae causas et Coa puellis
     vestis et e rubro lucida concha mari.
⁴) Dazu kommt, dass jeder der den Vers liest, *avaritiae* für den
Dativ halten muss, bis er am Schlusse desselben ersicht, dass der Verfasser den Gen. gemeint hat.
⁵) Vgl. daselbst pg. 379.
⁶) R. Ullrich, ‚de libri secundi Tibulliani statu integro et compositione' (Leipzig 1889) pg. 437 bringt es fertig, aus dieser Beweisführung
herauszulesen: ‚B. Wissero adstipulatus vv. 29. 30 suspicatus est'!

deleta esset¹), is qui cd. archetypum confecit causa illius devotionis declarata lacunam explesse.

Ebenda wird pg. 381 sq. zu den überlieferten Worten:

35 heu quicumque dedit formam caelestis avarae,
quale bonum multis attulit ipse²) malis!
hinc fletus rixaeque sonant, haec denique causa
fecit ut infamis hic³) deus esset Amor.

folgendes bemerkt:

Avaram igitur eandemque formosam amanti ad mala multa e puellae avaritia orta bonum quod acerbe dicitur e forma ortum adfertur, cum ei non solum solitaria sed etiam desiderio fletuque nox vigilanda veniat et perstanti ante duras fores cum rivalibus, qui formosam illam puellam ipsi quoque cupiunt capere, rixae sint inserendae. Quo bono ab amatoribus patiundo Amoris infamia verbis haec — Amor declarata non continetur. Itaque ex forma fletus et rixae videntur oriri, his denique Amoris infamia confici. Sed Amor eis tantum rebus infamis factus dici potest, quae ad Amorem auctorem referuntur. Tibullus autem modo apertissime fletus et rixae originem repetivit ab illo caelesti quicumque formam avarae dedit, non repetivit ab Amore. An cuiquam videtur, postquam ambigue atque obscure de aliquo deo locutus est, exponere, qua consecutionum serie infamem se reddiderit Amor? Ergo haec de Amore infami facto verba cum eis quae praecedunt non modo non cohaerent sed etiam pugnant, et cum nihil intercidisse possit, sequitur, ut a Tibullo scripta non sint. Atque quae in his verbis apparent interpolationis vestigia a Wissero, qui totum distichum falso delet, exposita sunt. Addiderim quod parum apte tempus perfectum subito infertur. Hexametri igitur altera pars et pentameter⁴) casu aliquo videntur deleta

---

¹) Vgl. unten.

²) ipse: AV y e d e; ille: g. offenbar aus Conjectur. Vgl. unten.

³) hic: AV und ohne kritische Note Lachmann.

⁴) Daraus macht Ullrich pg. 441 sich folgendes zurecht: ‚Wisseri argumentatio‘ [vgl.: in *his* verbis] ‚arrisit‘ [vgl.: *falso* delet], nuper Bellingio, qui non recte haec fecit verba: (vv. 35—38)‘ [!] ‚cum eis quae

fuisse[1]). Altera hexametri parte extante is qui codicem archetypum confecit distichum refingere animum induxit. Itaque cum modo eius quicumque legit et tingit execrationem verbis *hic dat avaritiae causas* confirmasset, simili cogitatione eo deductus ut hanc de illo caelesti quicumque formam dedit exclamationem male de Amore intellectam explicaret, commentus est: *haec denique causa fecit ut infamis esset Amor*. Explevit versum (memor vv. II 1, 79 sq.: *a miseri quos hic graviter deus urget. at ille felix cui placidus leniter adflat Amor*) eisdem vocabulis quibus Lygdami de Libero loquentis v. 6, 23. Neque enim dubium est quin fragm. Cuiac. recte illum sic praebeat: *quales his poenas qualis quantusque minetur*. Ille vero cum aut *qualis his poenas qualis* aut *quales his poenas quantusque* invenisset, ut aut duplicem quae esse videbatur scripturam tolleret aut lacuna expleta versum restitueret, scripsit: *quales his poenas deus hic quantusque minetur*.

Eine Anmerkung fügt hinzu: Idem cum II 1, 58 tradita invenisset verba *dux pecoris* reliqua versus parte casu deleta[2]), e Tibulli verbis *a pleno memorabile munus ovili* simili atque II 4, 38 metri vitio bis[3]) admisso commentus est: *hircus: auxerat hircus oves;* cf. Bubendey Quaest. Tibullianae. Bonnae 1864, pg. 23.

Die in II 1, 58 und II 4, 38 überlieferten metrischen Fehler sind von derselben Art wie der I 4, 44 festgestellte, woraus sich, wie aus der ganzen Art der Interpolation erschliefsen lässt, dass ein und derselbe — wir dürfen ihn libr. arch.

praecedunt non modo non cohaerent sed etiam repugnant'; [vgl. oben] 'et cum nihil intercidisse possit sequitur ut a Tibullo scripta non sint'.

[1]) Tibull dürfte den Gedanken ,hinc fletus rixaeque sonant' fortgesponnen haben.

[2]) Eine mögliche Ergänzung geben Robert und Knaack Hermes XVIII pg. 480 (vites roserat ille novas).

[3]) Den ersten in *pecoris* steckenden Fehler scheint K. P. Schulze (vgl. oben pg. 11 Anm. 2) nicht zu erkennen oder nicht anzuerkennen. Wenigstens spricht er bei der Verteidigung der Überlieferung hierüber auch nicht ein einziges Wort. — Gelegentlich sei bemerkt, dass er trotz Rothstein die von Bährens benutzten Handschriften in der Reihenfolge AgV anführt (pg. 18).

nennen — an den verschiedenen Stellen ausgeflickt hat. In einer kritischen Ausgabe ist der Text II 1, 58: II 4, 29. 37. 38 nach demselben Grundsatz zu gestalten, den wir pg. 10 für I 4, 44 aufstellten. Von den beiden dort offen gelassenen Möglichkeiten des Verfahrens ist, da III 6, 23 in einem gleich liegenden Falle F das richtige erhalten hat, im Interesse der Einheitlichkeit des Textes die zweite empfehlenswerter. Denn bei der eigentümlichen Art der beobachteten Flickarbeit erscheint es uns möglich, falls in dem Teil der Sammlung, der nur auf den vollständigen Handschriften beruht, noch mehr derartige Stellen vorhanden sein sollten, sie an sich selbst zu erkennen.

Ehe wir daraufhin den Text Tibulls durchsehen, stellen wir die charakteristischen Merkmale, die wir bisher beobachteten und die uns im weiteren als Erkennungszeichen dienen sollen, zusammen. Was den Inhalt betrifft, so schienen die Ergänzungen auf den ersten Blick einen leidlichen Sinn zu geben (woraus sich erklärt, dass man sie bisher im Texte belassen hat); bei tieferem Eindringen in die Bedeutung der Worte (venturam I 4, 44) und sorgfältigerer Prüfung der grammatischen Construction (II 4, 29) und des Gedankenzusammenhanges (II, 4 37. 38) ergab sich, dass Tibull sie überhaupt nicht oder doch hier nicht geschrieben haben konnte. Von Seiten der Form sind Merkmale die 4 metrischen Fehler in den 5 Ergänzungen, von denen 3 an der Diaerese des Pentameters sich finden (II 1, 58; — I 4, 44; II 1, 58; II 4, 38). Ein drittes Merkmal bot die bessere Überlieferung des fragm. Cuiac. Im Allgemeinen handelte es sich nicht um ganze Verse und nicht um geänderte Buchstaben, sondern um Wörter oder Sätze, die unvollständige Verse ergänzen sollten. Die Stellen, wo unrichtige Lesart des arch. durch Verschreibung oder willkürliche Änderung zu erklären ist, gehören nicht in dieses Capitel der Textgeschichte.

Durchmustern wir nun den Text Tibulls von dem bezeichneten Gesichtspunkt aus, so müssen wir zunächst bei I 3, 4. 5 einen Augenblick verweilen. Sie lauten nach AV, also nach O:

abstineas avidas mors modo nigra manus.
abstineas, mors atra, precor: etc.

In V. 4 bietet y statt ‚modo nigra' ‚precor atra', nach Hiller pg. IX ‚eleganti coniectura, quam si comprobamus, statuendum nobis est in archetypo codicum nostrorum mancum versum falso additamento fuisse suppletum, quod aliis locis (cf. ex. gr. adn. ad III 6, 23) factum esse constat'. Auch unserer Empfindung nach ist ‚precor atra' das richtige, doch halten wir die Frage auch durch das noch nicht für entschieden[1]), was Magnus in der Berliner Philologischen Wochenschrift 1885 Nr. 19 gesagt hat: „Wenn der Vers, so durch Interpolation ergänzt, im arch. stand, woher kam den Verfassern der anderen[2]) beiden Varianten die Inspiration, dass dieser Schluss, der an sich nicht anstössig ist, unecht sei, eine Inspiration, die einen sogar das rechte treffen liefs? Es ist doch sonnenklar, dass im arch. der Vers unvollständig war und von den Itali verschieden ergänzt wurde.' Denn so versteht man noch nicht recht, wie einer das nicht am Wege liegende Richtige treffen konnte; und die Möglichkeit wenigstens, dass der ‚an sich nicht anstöfsige' Schluss in der zuverlässigsten Handschriftenklasse treu überliefert ist, bleibt bestehen, bis sich zeigt, wie ‚modo nigra' entstehen konnte, während zur Ergänzung der vorausgesetzten Lücke das in der dritten Klasse eingeschlagene Verfahren viel näher lag.[3])

I 3, 49. 50:
nunc Jove sub domino caedes et vulnera semper,
nunc mare, nunc leti mille repente[4]) viae.
bespricht Leo pg. 26 sq. als eine ‚zweifellos verdorbene Stelle'.

---

[1]) Auf dieses Urteil ist von keinem Einfluss gewesen, was K. P. Schulze pg. 18. 19 ausführt. Über seine Meinung: ‚wer so änderte [Mors precor atra], kannte den Sprachgebrauch der römischen Schriftsteller nicht' kann sich y in der Gesellschaft Lachmanns, Haupts, L. Müllers und Vahlens, die seine Lesart aufnehmen, trösten.

[2]) c: violenta (v: violanda).

[3]) Vgl. unten.

[4]) Dies Wort muss im arch. in einer Weise geschrieben gewesen sein, dass man dafür *reperte* lesen konnte. So entstand zunächst ‚mille

Seine Worte sind: ‚zunächst erfordert *mare* ein Verbum, denn das zu *caedes, vulnera, viae* zu ergänzende giebt zu *mare* keinen Sinn: sodann ist *repente* unpassend, denn die tausend Todeswege thun sich nicht plötzlich auf, sie haben sich allmählich geöffnet.' Der letzte Satz ist nicht ganz zutreffend; repente ist nicht an sich unpassend[1]), sondern ist es hier neben *nunc*. Nach treffender Widerlegung der Emendationsversuche schlägt Leo vor:

nunc mare, nunc leti mille patentque viae.

Dass dies metrisch möglich sei, sucht er durch eine Erörterung über die Tibull eigentümliche Stellung von *que* zu erweisen. Allein die umfassendere Nachprüfung, die wir im Philologus (1888) pg. 379 sq. vorgenommen haben, hat unter den bestimmten Bedingungen, unter denen Tibull *que* vor einem den Pentameter schliefsenden Worte irregulär stellt, folgende hier in Betracht kommende ergeben: particula *que* verbi finiti formae adhaeret aut trisyllabae sed cum una particulae regentis syllaba cohaerenti aut quattuor syllabas complectenti, woraus sich der Schluss ergab: neque igitur *mille patentque viae* hoc usu Tibulliano comprobatur. Darnach brauchen wir weder zu fragen, ob ein Satz ‚mare et leti viae patent' Tibull zuzutrauen ist, noch zu prüfen, ob es wirklich glaublich ist, dass Tibull, der den Worten der Verse 47. 48 den V. 49 gegenüberstellte, der den Grundgedanken von V. 37—40 in ‚nunc mare . .' wieder aufnahm, die Worte ‚leti mille viae' für geeignet gehalten haben soll, sei es retrogradatim seinen Worten V. 35. 36 gegenüberzustehen, sei es nach Erwähnung von ‚caedes vulnera mare' die übrigen Gegensätze (V. 35. 36; 41—46) oder den allgemeinen Gegensatz gegen das regnum Saturni, dessen Schilderung an den natürlichen Begriff *via* anknüpft, zusammenzufassen. Denn wenn das erforderliche ‚Verbum in *repente* verborgen liegen muss', aber ‚das einzige für *mare* sowohl

---

reperte viae', dann ‚mille reperta via' und ‚multa reperta via' (vgl. Broukhusius pg. 67). O scheint genau nachgebildet zu haben, was im arch. stand (vgl. Hiller pg. X).
[1]) Vgl. Cic. de nat. d. II 63: ferrea tum vero proles exorta repente est.

als *leti viae* passende Verbum'[1]) bei Tibull metrisch unmöglich ist, so fällt die Voraussetzung, dass es hier gelte, die verdorbene Überlieferung tibullischer Worte zu heilen. Eine genügende Erklärung des Sachverhalts scheint nur möglich, wenn man auch für diese Stelle annimmt, was für mehrere andere bewiesen ist: der libr. arch. vervollständigte einen verstümmelt vorgefundenen Vers ‚nunc mare nunc', so gut er eben konnte. Den einzuflickenden Gedanken und zugleich die figürliche Anwendung von *via* bot ihm die Erinnerung an ein distichon Tibulls, dessen Hexameter von *caedes* und *proelia* spricht wie der hiesige von *caedes* und *vulnera*, nemlich I 10, 3. 4[2]); vgl. auch II 3, 38 (hinc cruor, hinc caedes mors propiorque venit). Auf ‚mille viae' führte ihn der Zusammenhang und IV 6, 12 (fallendique vias mille ministret Amor). Auch das Wort *leti* ist von ihm eingeführt[3]); Stellen wie Hor. carm. I 28, 16 (calcanda semel via leti), Ovid. metam. XI 792 (letique viam sine fine retemptat) und besonders Stat. Theb. IX 280 (mille modis leti miseros mors una fatigat), auch Liv. ab u. c. XXXI 18 (seque ipsi per omnes vias leti interficerent) konnten ihm bekannt sein. Mit *repente* füllte er den Vers. Dagegen hat er vermutlich das echt tibullisch wiederholte zweite *nunc* noch vorgefunden, da er sonst wohl an *mare* angeknüpft hätte.

Tibull könnte geschrieben haben:

nunc mare, nunc longae[4]) fata viae[5]) properant.

In einer solchen Aussage über *viae* würde, nach tibullischer Art, vor der Rückkehr zum eigenen Schicksal im folgenden Verse (parce, pater)[6]) der Anlass des ganzen „Frühzeitiger

---

[1]) Vgl. (Verg.) catal. XI 4: victor qua terrae quaque patent maria.
[2])   tum caedes hominum generi, tum proelia nata,
          tum brevior dirae mortis aperta viast.
[3]) Tibull hat das Wort nur II 6, 19, wo das Metrum es empfahl; dagegen in unserem Gedichte V. 4. 5. 55. 65 *mors*, ebenso I 10, 4 neben dem Singular *via*.
[4]) oder *terrae*, vgl. II 6, 3. 4: terrae via — aequora.
[5]) *longa via* auch I 1, 26; 4, 41; 9, 16; II 5, 62; 6, 3 (seu longa virum terrae via seu vaga ducent aequora).
[6]) Die hierin gefundene Schwierigkeit fällt dann auch weg.

Tod infolge einer unseligen Reise?" zu überschreibenden Gedichts (V. 1—3), wie vorher in V. 14 (nostras respueretque vias) und in V. 36 (tellus in longas est patefacta vias) und wie nachher in V. 56 (Messallam terra dum sequiturque mari) hervorklingen. Zu der Verbindung von *mare* und *viae* vgl. man noch Hor. carm. II 6, 7 (lasso maris et viarum) und epi. I 11, 6 (odio maris atque viarum). Zu *properant* haben wir freilich aus Tibull nur die sachlichen Parallelen II 3, 38 (mors propiorque venit) und I 10, 4 (brevior mortis aperta viast); im übrigen vgl. man paneg. (IV 1) 205 (seu matura dies celerem properat mihi mortem), Ovid. metam. X 31 (properata retexite fata), auch Prop. III 28, 25 (quod si forte tibi properarint fata quietem). *Fata* im Sinne von (*praematura*) *mors* hat Tibull I 5, 51 (animae sua fata querentes) und IV 4, 11 (metuit qui fata puellae). Dazu kommt, dass eine Aussage des Inhalts ‚fata properant' nach tibullischer Art, ebenso wie das von ‚longae viae' nachgewiesen ist, und zwar ‚im Mittelpunkt des Gedichts', auch den zweiten Grundton der Composition enthielte, der vorher in ‚*avidas* manus' V. 4, nachher in ‚quod si fatales iam nunc explevimus annos' V. 53, in ‚immiti consumptus morte' V. 55 und in ‚rapax mors' V. 65 erklingt. — Ist es so gelungen, den Inhalt der ursprünglichen Worte Tibulls anzudeuten und einen möglichen Wortlaut zu geben, so ist das eine indirecte Bestätigung der vorhin als nötig erkannten Annahme, dass die Worte ‚leti mille repente viae' nicht tibullisch sind.

I 5, 33 ist überliefert:

et tantum venerata virum hunc sedula curet.

Itali, die den metrischen Fehler beobachteten, schrieben *tunc* statt *hunc*, worüber kein Wort nötig ist. Die Herausgeber setzen hinter *virum* ein Komma: aber ‚tantum virum venerata' ist als offenbar nur begründende Bestimmung[1] ebenso eng mit

---

[1] Eine besondere Handlung kann es bei *curet* und ohne nähere Bestimmung nicht bezeichnen.

der Aussage ‚sedula curet' verbunden, wie z. B. II 4, 47 sq. ‚veteres veneratus amores' mit ‚serta dabit tumulo'. Eben wegen dieser logischen und grammatischen Verbindung, die kein Komma wegschaffen kann, ist die besondere Objectsbezeichnung bei dem Prädicat ‚sedula curet' unlateinisch. Lateinisch wäre es, indem wir an den überlieferten Worten festhalten, zu sagen: venerata hunc tantum virum curet. Bei dieser Construction, die aber hier durch den Versbau ausgeschlossen ist, wäre durch das hinweisende *hunc* ein hinweisendes *tantum* gerechtfertigt, dessen hier vorliegender Gebrauch (statt ‚virum summum' oder ‚v. magnum') auch anstöfsig ist. Ein vergleichendes *tantum* ist hier nicht am Platze, da es allgemein aussagen würde, wie Delia einem in diesem Mafse bedeutenden Manne begegne, während in diesem Zusammenhange jedermann ‚tantum virum' als Bezeichnung für die Person des Messalla selbst auffassen muss[1]). Ferner ist doch schon das vorhergehende ‚cui dulcia poma Delia *selectis* detrahat arboribus' eine Äufserung des in ‚tantum venerata virum' Bezeichneten und nicht erst ‚sedula curet etc'; Tibull hätte es verstanden, die Begründung des Verhaltens der Delia, wenn er sie geben wollte, an gehöriger Stelle seinen Versen einzufügen. Und dass er, der in dem vorhergehenden Abschnitte ganz bestimmte Bilder der Delia zeichnet, der in V. 31. 32 das Bild zeichnet ‚Delia selectis arboribus poma detrahit' und in V. 34 ‚Delia parat atque epulas ipsa ministra gerit', die Aussage ‚hunc sedula curet' statt durch eine sachliche, ein bestimmtes Bild gebende Erläuterung der *cura* durch eine deplacirte Begründung des Ganzen zum Hexameter vervollständigt haben sollte, ist, wenn nicht in seinen Gedichten überhaupt, so doch in diesem vollendeten Kunstwerk unglaublich. Hätte er aber selbst eine solche Begründung hier für angebracht gehalten, hätte er doch das verbum *venerari* dabei nicht

---

[1]) Man vergleiche nur ausser Cic. pro Rosc. Am. 43 (non fuit tantus homo Sex. Roscius in civitate, ut): ad fam. XIII 66 (quae faceres in hominem tantum et talem); Ciris 18 (non ego *te* talem venerarer munere tali); catal. XI 23 (felicem ante alias tanto scriptore puellam).

gebraucht, welchem man, wie wir zu erweisen unternehmen, mit Unrecht einfach die Bedeutung ‚hoch verehren' zuschreibt. *Venerari* ist das eigentliche Wort für die cärimonielle Götterverehrung und -Anbetung. Es beruht darauf, dass ich jemanden oder etwas als göttliches Wesen oder allgemein als mächtigeres Wesen höherer Art¹) betrachte²), aber es bezeichnet mit dieser Ansicht zugleich deren Bethätigung in huldigender oder flehender Handlung; ³) häufig steht ein Ablativ des Mittels dabei⁴) oder ergiebt sich sofort aus dem Zusammenhange⁵).

Im Sinne von ‚anbetend verehren' oder ‚anflehen'⁶) hat das verbum zunächst Götter oder Götzen⁷) und ihnen Gehöriges⁸) als Object, sodann die *dii manes*; ⁹) in der Kaiserzeit wird es gebraucht von Acten, durch die man dem Augustus¹⁰) und seinen Nachfolgern¹¹) huldigt, und auch von Acten, durch die

---

¹) Vgl. Verg. georg. IV 391.
²) Daher sagt man ‚pie (pietate) colere', aber ‚auguste sancteque venerari' (Cic. de n. d. 3, 21); vgl. de n. d. I 17 § 45; 42 § 117.
³) Tib. I 1, 11 sq. (nam veneror, seu stipes habet desertus in agris seu vetus in trivio florida serta lapis); Ovid met. VI. 44.
⁴) vitula caesa: Verg. georg. IV 547; farre pio et plena acerra: Aen. V 745; bobus albis: Hor. carm. saec. 49; munere: Ciris 18; carmine: Cat. 90,5; cultu: Ovid. metam. VI 315; — tacito murmure: metam. VI 203; vultu: metam. V 279; manu: Tac. ab exc. XVI 4: voce ac manu: Suet. Claud. 12; vgl. pura integra incorrupta et mente et voce venerari: de n. d. II 28.
⁵) Tib. II 4, 47 sq. (veteres veneratus amores annua constructo serta dabit tumulo); Verg. georg. I 338; Ovid. metam. XV 680.
⁶) Vgl. Aen. VII 597.
⁷) Cic. pro Planc. 40; Plin. nat. hist. VIII 1.
⁸) Larem et penetralia Vestae: Verg. Aen. V 744; templa: Aen. III 84; sacra Stygialia: Ciris 374; simulacrum Herculis: Cic. in Verr. IV 43 § 94; numen (numina): Ovid. metam. (vgl. Anm. 3 und 4).
⁹) Tib. II 4, 47 (vgl. Anm. 5); Verg. georg. IV 547; vgl. Tac. Agric. 46; Suet. Calig. 15.
¹⁰) Hor. carm. IV 14, 52; Ovid. trist. II 79: carmina te venerantia (vgl. V. 76: capitur honore turis deus); vgl. Corn. Nep. Conon 3: venerari regem (quod προσκύνησιν illi vocant).
¹¹) Plin. paneg. 54 (in venerationem tui theatra ipsa consurgent), vgl. dialogus de orat. 13 (populus auditis in theatro Virgilii versibus surrexit universus et forte praesentem veneratus est sic quasi Augustum).

— 22 —

diese der maiestas populi Romani[1]) huldigen. Wo es auf Menschen und auf Irdisches bezogen wird, liegt entweder ein ausdrücklicher[2]) oder ein für das lateinische Sprachbewusstsein vorhandener Vergleich vor, sodass auch hier immer auf die eigentliche Bedeutung zurückzugehen und die Wahl des Ausdrucks aus den Umständen zu erklären ist.[3]) Eine weitere Ausdehnung des Begriffs, doch ohne dass die Grundbedeutung ganz verschwände, zeigt nur *venerandus*[4]) was sich aus dem

---

[1]) Tac. ab exc. XVI 4 (flexus genu et coetum illum manu veneratus); Suet. Claud. 12 (eosdem [magistratus] spectacula edentes surgens et ipse cum cetera turba voce ac manu veneratus est).

[2]) Cic. de lege agr. II 35 (haec qui prospexerint, non eos in deorum immortalium numero venerandos a nobis et colendos putatis?); de nat. d. I 16 (venerari Epicurum et in eorum ipsorum numero, de quibus haec quaestio est, habere); Tusc. I 21 (naturae cognitionem admirantur eiusque inventori et principi gratias exultantes agunt eumque venerantur ut deum), vgl. das *quasi* in dial. de orat. 13 (pg. 21 Anm. 11); Liv. ab u. c. I 7 (venerabilis vir miraculo litterarum, rei novae inter rudes artium homines, venerabilior divinitate credita Carmentae matris); ab u. c. V 41 (adeo haud secus quam venerabundi intuebantur in aedium vestibulis sedentes viros, praeter ornatum habitumque humano augustiorem maiestate etiam, quam vultus gravitasque oris prae se ferebat, simillimos dis. ad eos velut simulacra versi etc.); Tac. hist. IV 65 (arcebantur aspectu [Veledae], quo venerationis plus inesset).

[3]) Hor. epi. II 2, 107 (gaudent scribentes et se venerantur) ‚drängt sich das Bild solch eingebildeter sich selbst anbotender Dichterlinge auf' (Kiessling); Ciris 18 (non ego te talem venerarer carmine tali) hebt der devote Verfasser den Abstand seiner Person und der von ihm ergebenst geweihten Huldigungsgabe von dem hochwohlgeborenen Gönner hervor; Ovid. metam. XIV 170 (si minus Aenean veneror genitore) entspricht der Ausdruck wegen seiner Stärke der V. 171 sqq. ausgesprochenen Stimmung und Gesinnung des Achaemenides vollkommen. — Auf Sachen bezogen heisst v. ‚tanquam aliquid divini habere (atque expetere)': Hor. sat. II 6,8 (si veneror stultus nihil horum); ‚heilig halten': Hor. epi. II 1, 263 (quod quis derideat quam quod probat et veneratur); dasselbe: Ovid. trist. V 3,55 (veterum digne veneror cum scripta virorum). *Veneror* ist mit *miror* begriffsverwandt, aber nirgends identisch.

[4]) Verg. Aen. IX 274 (venerande puer [Nisus]); Culex 25 (Octavi venerande); Hor. epi. I 18, 73 (venerandi limen amici); Tib. I 7, 56 ([proles]) veneranda. — Dagegen heisst es bei Tibull II 5, 43: veneranda Numici unda, weil der Flussgott N. *venerandus* ist und IV 2, 10: comptis

Charakter der Form wie bei *venerabilis* aus der Ableitungssilbe ergiebt.¹) Ohne Beschränkung wird *venerari* auf Menschen angewendet in der Bedeutung ‚dehmütig anflehen'.²)

Die 5 übrigen Stellen, wo sich im Tibull *venerari* findet, reihten sich S. 21/22 in den Anmerkungen 3) 5) 4) ein; die, von der wir ausgegangen sind, durfte auch in Anm. 3 pg. 22 nicht untergebracht werden. Denn hier sind keine Umstände zu entdecken, die dem Dichter die Wahl dieses aufserordentlichen und bedeutungsvollen Ausdrucks nahe legen konnten; vielmehr ergeben sich gewichtige Gründe, die ein Wort mit dem festgestellten Begriff ausschliessen, sobald man sich in die Anschauungen eines civis Romanus vom Schlage eines Tibull und Horaz hineindenkt. So wenig ein Mann wie Horaz sein Verhältnis zu Maecenas jemals durch *venerari* ausdrücken konnte, so wenig passt das Wort auf das ganze Verhältnis des Tibull zu Messalla.³) Was Tibull von sich nie gesagt hätte, konnte er der Delia nicht zuweisen. Dass sie Libertine ist, ändert daran gar nichts. Denn selbst wenn man nicht wüsste, dass diese Damen auch mit Männern aus anderen Kreisen als denen des gebildeten Mittelstandes in Berührung kamen, so stellt sich doch jedenfalls der Dichter Tibull selbst durchweg mit Delia auf eine Stufe, und er konnte hier am wenigsten auf ihre

---

est veneranda comis, weil Sulpicia mit Gottheiten (V. 13 sq. 24) zusammengestellt wird.

¹) Bei Ovid, der bezeichnender Weise *venerari* häufiger als die älteren Dichter der augusteischen Zeit gebraucht, vgl. man noch ex Ponto II 2, 1 (domus vestrae venerator). Noch bei Plin. epi. II 1; I 10 ist *veneratio* mehr als ‚höchste Achtung'.

²) ex Ponto I 2, 51 (vobiscum, quos sum veneratus, amici) ist zu verstehen nach Prop. III 20, 33 (nec tu supplicibus me sis venerata tabellis), da schon das Tempus gegen die in lexicis tradirte Bedeutung ‚verehren' spricht.

³) Vgl. O. Ribbeck, Geschichte der römischen Dichtung II pg. 188 sq.: ‚Mit dem Vater M. stand T., wenn nicht auf vertraulichem, so doch herzlichem Fuss. — Alles deutet auf ein warmes persönliches Verhältnis. — T. behauptet, wie es einem unabhängigen Landedelmann geziemt, bei allem Respect ein vornehmes Selbstbewusstsein dem Grosswürdenträger gegenüber, ist stets knapp und würdig in den Ausdrücken seiner Verehrung'.

niedere Herkunft und deren eventuelle Folgen bei der Begegnung mit Messalla reflectiren, wo er sie eben (V. 29 sq.) als schaltende und waltende Hausherrin dargestellt hat:

illa regat cunctos, illi sint omnia curae:
at iuvet in tota me nihil esse domo.

Der im allgemeinen unpassende Ausdruck ist es vollends in der vorliegenden Verbindung. Die blosse Gesinnung bezeichnet das Wort nicht. Eine unterthänige Geste kann, abgesehen davon, dass der Begrüssungsact unhöflich verschoben schiene, *venerata* ohne ablativischen Zusatz (vgl. S. 22 Anmerk. 1) nicht bezeichnen; also müsste die nähere Erklärung des Wortes in der Satzaussage gesucht werden.[1]) Aber ‚sedula curet' ist nun und nimmer eine veneratio nach dem festgestellten lateinischen Begriff. Tibull zeichnet Delia als Wirtin, die für den Gast sorgt wie jene *Μάρθα*[2]), welche περιεσπᾶτο περὶ πολλὴν διακονίαν. Dieses Bild zerreisst *venerata*, indem es den Freund des Hauses als ein höheres Wesen erscheinen lässt. So wenig Martha und Maria, ἣ καὶ παρακαθεσθεῖσα πρὸς τοὺς πόδας τοῦ κυρίου ἤκουε τὸν λόγον αὐτοῦ, eine Person sind, so wenig passt *venerata* zu *sedula curet*. — Weder hat Tibull, der den Grundbegriff des Wortes kannte, *venerari* auf seinen hochgeehrten Gönner angewendet, der darin keine Schmeichelei, nur eine alberne Kriecherei hätte sehen können; noch kann es bei ihm in dem verblassten Sinne stehen, den es im späteren Verlaufe der Kaiserzeit gewonnen haben mag; noch hat er sein eigenes Gemälde durch eine unpassende Nuance entstellt. Nicht Tibull hat *venerata* geschrieben, nicht er hat *tantum* gebraucht, nicht er hat *tantum virum* neben *hunc* gesagt. Die Antwort auf die Frage, wer sich veranlasst sah, Tibulls Worte ‚hunc sedula curet' durch ‚et tantum venerata virum' zu ergänzen, giebt uns die Beobachtung, dass der metrische Fehler auf eine ähnliche Anschauung von der Commissur der Hexameterhälften weist, wie wir sie bei dem Ver-

---

[1]) Vgl. S. 19 Anm. 1.
[2]) Κατὰ Λουκᾶν 10, 38 sqq.

fertiger der überlieferten Pentameter I 4, 44; II 1, 58; 4, 38 fanden.

In dem ohne Variante überlieferten distichon I 5, 47. 48:
haec nocuere mihi quod adest huic dives amator
venit in exitium callida lena meum
macht die Construction der Sätze Schwierigkeit. ,*Venit* a *quod pendere* putavit Heyne.' Auch Dissen erklärt: ,hic fons malorum mihi, quod dives amator ei adest et lena pessima!' und bemerkt: ,pluralis *haec* positus, cum duae res sequantur quae nocuerint, asyndeton vero *adest-venit* non ferri tantum potest, sed optime habet in hoc vigore et affectu orationis.' Seine Hoffnung: ,post haec non erit, spero, qui corruptum habeat hunc locum aut lacunosum' konnte sich nicht erfüllen; die Frage ist nur: ist die stärkere Interpunction vor oder hinter ,quod adest huic dives amator' zu setzen? Von den Gründen, welche Dissen gegen die erstgenannte Art der Interpunction geltend macht, beruht der erste auf unzutreffender Interpretation von *nocuere*[1]). Vergleicht man I 8, 15—18. 23—26:
illa placet, quamvis inculto venerit ore
nec nitidum tarda compserit arte caput.
num te carminibus, num te pallentibus herbis
devovit tacito tempore noctis anus?
quid queror heu misero carmen nocuisse, quid herbas?
forma nihil magicis utitur auxiliis:
sed corpus tetigisse nocet, sed longa dedisse
oscula, sed femori conseruisse femur.
mit dieser ganzen Stelle (V. 41 sqq.):
tum me discedens devotum femina dixit
et pudet et narrat scire nefanda meam.[2])
non facit hoc verbis, facie tenerisque lacertis
devovet et flavis nostra puella comis.

---

[1]) ,quod vis mascula cum destituat in istis amplexibus; nam in hoc nexu *nocere* aliter intellegi non posset.'
[2]) Ovid. amor. III 7 setzt jedenfalls auch (vgl. O. Ribbeck II pg. 234; M. Schanz, Geschichte der römischen Litteratur II pg. 132 sq.) die

‚Sie ist so schön wie die Göttin, die mit ihrer Huld den Peleus beglückte. Haec nocuere mihi':[1]) so ergiebt sich, dass Tibull zwar das Wort der *femina* aufnimmt, aber in *devovet* und *nocuere* nicht mehr an ‚iam cum gaudia adirem, deseruit Venus' denkt, sondern an den Liebeszauber der Schönheit. Delias Schönheit aber hat ihn nicht deswegen bezaubert (nocuere, Perfect), quod adest (Praesens) huic dives amator. Wenn ‚*haec nocuere mihi* nur auf Delias Reize gehen kann'[2]), so kann der Satz *quod-amator* damit nicht verbunden werden. Er muss also wohl als Vordersatz mit dem folgenden verbunden werden. Aber Dissens zweite, von der Frage ‚quo tandem nexu haec cum antecedentibus iunguntur?' ausgehende Argumentation gegen diese Verbindung bleibt auch bei richtiger Auffassung von *nocuere* im wesentlichen bestehen. Dass ferner diese Satzverbindung keinen vernünftigen Sinn giebt, wenn man *quod* causal auffasst, leuchtet ein. Nun sagt Leo: ‚*venit in exitium* bildet die Steigerung[3]) zu *nocuere*: ταῦτα μ'ἐβάσκηνεν· κατέχει δὲ εἰ

Kenntnis von Tib. I 5 und 8 voraus; man vergleiche im einzelnen besonders Amor. III 7, 10 (lascivum femori supposuitque femur) mit Tib. 8, 26 (vgl. Hiller pg. XII); V. 28 (num misero carmen et herba nocent?) mit 8, 23 (vgl. oben); V. 79. 80 (‚aut te Aeaea venefica devovet') mit 5, 42. Angesichts der ovidischen Worte ‚nec mora, desiluit' (V. 81) ist man versucht, noch weiter zu gehen als Hiller, der in seiner knappen adnot. crit. doch der paläographisch nahestehenden Conjectur der ς *descendens* Erwähnung gewährt hat. ‚Cum gaudia adirem' V. 39 ist doch, ‚cum cubile scandissem' (Prop. V 4, 90). Auch weist sonst alles auf Besuche *bei* meretrices. Von einer solchen scheint uns die Voraussetzung, die einer Äusserung wie ‚scire nefanda *meam*' zu Grunde liegt, natürlicher als von einer im eigenen Hause als domina empfangenen Dame. Sicherlich erhalten wir eine klassische Erläuterung des oben stehenden Pentameters in Ovids Versen 83 sq.: neve suae possent intactam scire *ministrae*, *dedecus* hoc sumpta dissimulavit aqua. Die Änderungen des überlieferten ‚et pudet et' tragen moderne Empfindung ein.
  [1]) Vgl. II 4, 31 (haec fecere malas:).
  [2]) Leo pg. 40.
  [3]) Diese Auffassung ist mit dem richtigen Verständnis von *nocuere* nicht vereinbar. Dass das Auftreten der *lena* die Richtung ‚in exitium meum' hat, ist eine Folge davon, dass mich ihre Reize so leidenschaftlich verliebt gemacht haben (nocuere).

πλούσιος αὐτὴν ἄλλος· ὄλεϑρον ἐμοὶ γρηὸς ἔτευξε δόλος', wozu Magnus (pg. 348) bemerkt: ‚quod soll also wohl, wie auch aus der beigefügten griech. Übersetzung εἰ hervorgeht, = ‚was anbetrifft, dass' sein.' Aber wenn wir auch dem Dichter diesen Gebrauch von quod zuschreiben dürften, so steht doch von den Worten, die den griechischen Text verständlich machen, nämlich δέ und ἄλλος, im Original eben nichts da. Sed könnte man durch Conjectur statt quod einsetzen; allein, um einen befriedigenden Sinn zu erhalten, würde das nicht genügen. Vielmehr würde die Änderung dazu drängen, auch statt des übrigen das einzusetzen, was der Übersetzer ausdrückt, etwa: iam dominam tenet alter.

Passen die durch Conjectur nicht zu heilenden Worte ‚quod adest huic dives amator' mit dem folgenden Satze so wenig wie mit dem vorhergehenden zusammen, so sind sie von einem anderen geschrieben als ‚haec nocuere mihi' und ‚venit in exitium callida lena meum'. Wir sind zu der Annahme berechtigt, dass auch sie von dem libr. arch. herrühren, der den unvollständig gefundenen Vers (vielleicht im Gedanken an II 6, 44: lena nocet nobis) durch eine Begründung ausfüllte, die dasselbe ingenium zeigt, wie seine begründenden Flicken II 1, 58 (auxerat hircus oves) und II 4, 29 (hic dat avaritiae causas). Dass der V. 17 genannte *alter* ein *dives* sei, erschloss er aus den Worten vom *pauper* und der *plena manus* (V. 61—68); *amator* konnte er, an gleicher Versstelle, I 8, 29 (det munera canus amator) gefunden haben. Das Pronomen *hic*, mit dem Tibull weder die Delia in diesem Gedichte noch in irgend einem die Geliebte bezeichnet, ist ihm auch bei der Flickarbeit von III 6, 23; II 4, 29; II 4, 37; II 4, 38 dienlich gewesen. — Tibull, der auf den *alter* erst V. 69 (at tu, qui potior nunc es) zurückkommt, muss hier, ebenfalls wohl im Perfectum, etwas von dem Verhältnis gesagt haben, das zwischen dem verliebt gemachten und der bezaubernden Schönen bestand, bis plötzlich die *lena* sich einmischte: nur so, scheint es, gewinnen die Worte des V. 48, in denen *venit* stark betont voransteht, richtigen Sinn und Zusammenhang.

I 6, 41. 42 ist überliefert:

quisquis et occurret, ne possit crimen habere
stet procul aut alia stet procul ante via.

Statt *aut* conjicirt g *atque*, Statius *ante*; statt des zweiten *stet procul* Bährens *se auferat*, Rabus *se occulat;* L. Müller schreibt: sit procul aut alia stet precor ante via; nach Bubendey (pg. 25) ist das zweite Hemistich aus der Dittographie ‚stet procul aut alia stet procul aut alia' entstanden. Dem letztgenannten stimmt O. Richter in der Recension von L. Müllers Ausgabe[1]) bei. Allein dass das überlieferte *ante* von Tibull, nicht aus Verbesserung der Dittographie *aut alia* herstammt, lässt sich nicht bezweifeln. Denn er hat *ante*, von diesem Verse abgesehen, nicht weniger als 17 Mal an dieser Stelle des Pentameters[2]), worin wir, wie in der häufigen Verwendung eines Wortes mit *que*[3]), eines seiner Kunstmittel im Versbau zu sehen haben, und es ist seine Besonderheit, dass er das Wort grade als locales adverbium ausnahmslos und zwar 6 mal an dieser Stelle des Pentameters, einmal an der entsprechenden des Hexameters hat.[4])

Andrerseits ist dieser Gebrauch von *ante* dem libr. arch. nicht zuzutrauen; er hat das ihm wohl ungewohnte Ortsadverbium vielmehr, wo es ihm gelang, entfernt, indem er I 1, 14 ‚ante deum' statt ‚ante deo' schrieb und II 5, 98 ‚ipse calix' ebenso kühn wie unpassend an die Stelle von ‚ante calix' setzte, wobei noch zu beachten ist, dass an vier unter den fünf übrigen Stellen dies *ante* vor einer Nominalform steht, die Acc. ist oder so aussieht, und dass er an der fünften (II 6, 24) *ante* temporal aufgefasst haben mag.

---

[1]) Neue Jahrbücher für Philologie, 1871 pg. 453 sqq.
[2]) I 1, 16. 56; 3, 72; 4, 14; 10, 8. 16; II 1, 54; 4, 22. 46; 5, 66; 6, 38; vergl. IV 7, 8. Dazu kommen die Stellen der Anm. 4.
[3]) Vergl. Philologus 1888 pg. 379 sq.
[4]) I 1, 14 (steht in Hillers index an falscher Stelle); 10, 68; II 1, 24. 78; 5, 98; 6, 24; — I 2, 67 (ebenfalls bei Hiller an falscher Stelle). — Gelegentlich verbessere man in demselben index: *jurta* I 2. 34; *solutis* I 1, 67.

Dagegen behaupten wir, dass das bei keinem bisherigen Besserungsversuch angetastete *alia* nicht von Tibull geschrieben sein kann. Der Dichter kommt auf den V. 21—24 ausgesprochenen Vorschlag:

> exibit quam saepe, time, seu viscere dicet
> sacra bonae maribus non adeunda deae.
> at mihi si credas, illam sequar unus ad aras:
> tum mihi non oculis sit timuisse meis.

in V. 37 sqq. zurück: at mihi servandam credas. Wenn Delia auf ihren Wegen von ihm begleitet wird, soll keiner der feinen Herren, die in den porticus herumstehen oder auf der Strafse einherspaziren, es versuchen, an sie heranzukommen. Der, quisquis occurr*et*, muss sich in derselben Strafse ihnen entgegen bewegen. Dann kann er, qui eadem via ita it ut occursurus sit, allerdings procul ante via stare. Aber er kann erstens nicht alia via stare, wenn er nicht alia via geht. Geht er alia via, so ist er überhaupt nicht im Gesichtskreis des Wächters und für ihn kein occursurus; denn es handelt sich doch nicht darum, dass zufällig Leute in einer Querstrafse gehen könnten, sondern um einen, dessen occurrere als ein beabsichtigtes (ne possit crimen habere) erscheinen kann. Die von Hiller und Haupt-Vahlen aufgenommene Conjectur des Statius ist also zwecklos. Er kann zweitens alia via se auferre nur in dem ganz speciellen Falle, dass er sich grade an einer Ecke befindet, was doch nicht ohne weiteres vorausgesetzt werden kann; und soll er se auferre, so bedarf es keiner alia via: er braucht nur umzukehren. Drittens kann er allerdings, wenn er wenigstens in der Nähe einer Ecke ist, alia via se occulere; nur begreift man wieder nicht, warum er einen Versteck aufsuchen soll, in dem er doch gefunden werden könnte, statt mit Benutzung seines Vorsprungs auszureifsen. Wir fügen schliefslich hinzu, dass Müllers ‚sit procul', um über *precor* kein Wort zu verlieren, eine unangebrachte Wiederholung von ‚tum procul absitis' ist.

Alia ist nicht von demselben geschrieben, der ‚quisquis et occurret, ne possit crimen habere' schrieb und auch ‚procul ante via stet' schreiben konnte. Aber es ist nicht daran zu denken, durch Einsetzung eines andern Wortes zu helfen; denn *alia* ist durch die in der Verdoppelung von *stet procul* und in *aut* ausgedrückte Alternative bedingt; das eine *stet procul* und *aut* fallen mit *alia*. Dass jemand ohne Not sich die Alternative ‚stet procul ea via aut alia via' ersann, ist nicht annehmbar. Hätte der libr. arch. die Worte ‚stet procul . . . . ante via' gefunden, wäre er wohl auch auf etwas anderes verfallen. Leichter erklärlich ist sein Machwerk, wenn er nur das zweite Hemistich ‚stet procul ante via' vorfand, wie wir behaupten. Das erhaltene *via* schien ihm eines Epithetons zu bedürfen, und indem er auch hier (vgl. pg. 28) das Adverbium *ante* temporal auffasste, kam er auf *alia*. War der Betreffende nicht vorher, ehe er Delias Strafse betrat, stehen geblieben (eine Möglichkeit, auf die *occurret* wies), so musste er wenigstens in ihr von ferne stehen bleiben: stet procul aut.

Was Tibull etwa gesagt hatte, ergiebt sich, wenn man erwägt, wodurch ein occursurus sich verdächtig machen kann. Nachdem die, welche sich auf der Strafse anzuschliefsen versuchen, im vorigen distichon abgemacht sind, kann es sich hier nur noch darum handeln, dass jemand sich verdächtig macht, indem er im Herankommen und beim Vorbeigehen Delia fixirt oder gar mit ihr Blicke wechselt. Will er den Verdacht, so etwas zu beabsichtigen, vermeiden, so darf er freilich nicht in der Richtung auf Delia seinen Weg fortsetzen, sondern muss, da diese mit Tibull natürlich weitergeht, seinerseits in gemessener Entfernung vor ihnen auf der Strafse stehen bleiben. Aber das genügt doch nicht, da er bereits im Gesichtskreis ist und das Paar sich ihm nähert. Er darf, um die Möglichkeit jedes Verdachts auszuschliefsen (*possit* ist stark betont), auch nicht ihnen entgegensehen, sondern muss, bis sie vorbei sind, sich abwenden. Das muss Tibull in der Lücke ausgedrückt haben. Er kann geschrieben haben: aversis oculis (oder: luminibus parcens) stet procul ante via; vgl. I 2, 33 sq. (parcite luminibus, seu vir seu femina fiat obvia), ferner Lygd. 3, 28 (aversa aure) und Ovid. metam. II 770 (oculos avertit).

I 6, 69—72 lauteten im archetypus nach A V y c d (e):

et mihi sint durae leges, laudare nec ullam
possum ego, quin oculos appetat illa meos,
et si quid peccasse putat, ducorque capillis
immerito proprias proripiorque vias.

Es kann nach dem Zusammenhange keinem Zweifel unterliegen, dass Tibull in der Ausführung der ‚durae leges‘, die für ihn gelten sollen, statt *possum, ducor* und *proripior* conjunctivische Formen geschrieben hat. Es kann unseres Erachtens auch nicht zweifelhaft sein, dass die drei Indicative von einer systematischen Interpolation des überlieferten Textes herrühren. Wäre etwa einer durch Zufall in den Indicativ verwandelt worden, hätte, müssen wir annehmen, der spätere librarius eher ihn nach den beiden gleichgestellten Verben als die beiden nach ihm gerichtet; mit einer so complicirten Möglichkeit, wie dass zwei durch von einander unabhängige Zufälligkeiten verwandelt und der dritte nach ihnen oder auch zufällig geändert sei, darf man nicht rechnen wollen. Dass der Interpolator, der diese Änderungen nur vorgenommen haben kann, um einen bestimmten Sinn in die Worte zu bringen, das völlig sinnlose *proprias* sollte geschrieben oder, wenn er es fand, sollte unangetastet gelassen haben, ist uns nicht wahrscheinlich. Im Ambrosianus ist das Wort abgekürzt; das a ist mit dem rechten Teil des vorhergehenden p eng verbunden und sein linker Teil damit zusammengeflossen, sodass man sieht, wie ein kleiner Strich *proprias* aus *propriis* machen konnte. Wir vermuten, dass A in dieser engen Verbindung O copirte und dieser ebenso den arch., der aber *propriis* gemeint hatte. Der libr. arch. verstand dann ‚capillis meis immerito vias ducorque proripiorque‘ und konnte die Stelle so für richtig halten. Dass Tibull auch *propriis* nicht geschrieben hat, bedarf keines Wortes. Aber, behaupten wir, Tibull kann auch *immerito* nicht geschrieben haben. Denn dies Adverbium ist bei der Aussage ‚capillis ducor‘ zwar nicht unbedingt notwendig, da in dem Satze mit *si*, mag man *putat* oder *putet* oder *putor* oder *puter* vorziehen, jedenfalls genügend angedeutet ist, dass nicht von einer wirklichen, sondern von einer vermeintlichen Untreue des Dichters die Rede ist; aber es ist wohl verständlich, wenn so hervorgehoben wird, dass das thatsächlich stattfindende ‚ducique proripique' ein unverdientes ist. Aber sobald wir für die indicativische Aussage die tibullischen Conjunctive, welche die Strafformeln der ‚durae leges' enthalten, einsetzen, so verliert *immerito*, welches sich selbstverständlich nicht auf die Art und Weise der im Praedicat angegebenen Strafe, sondern auf die ganze Satzaussage bezieht, jeden Sinn. Der Zusammenhang ist: wenn Delia die Erwähnung eines andern Mädchens Verdacht einflöfst, mihi lex sit ut illa oculos meos appetat; wenn Delia mich einer Handlung der Untreue verdächtigt, mihi lex sit ut ducar capillis etc. Aber es ist nicht nur im Zusammenhange, sondern auch an sich unsinnig, an den Satz mit *si* die Folgerung zu knüpfen: so soll das dann eintretende ‚duci proripique' ein unverdientes sein.[1])

Die Frage nach der Entstehung der Interpolation erledigt sich am einfachsten durch folgende Annahmen: Der libr. arch. fand nur die zweite Hälfte des Pentameters vor und machte sich auch hier an die Ergänzung der Lücke. Das Adjectiv *propriis* zu *capillis* bot ihm die Erinnerung an die kurz vorhergehenden Worte V. 63 sq. *proprios annos*. *Immerito* mag aus dem folgenden V. 82 (tot mala ferre senem) entnommen sein. Die Einsetzung von *immerito* zog die dreimalige Änderung der

---

[1]) Es scheint ein Ausweg zu bleiben, dass man *immerito* als einen gleichsam parenthetischen Zusatz auffassen könnte. Allein erstens ist diese Construction des Satzes und die dazu nötige Interpretation des Wortes = ‚etiamsi nihil meruerim (peccaverim)' für tibullische Dichtung wohl zu künstlich; zweitens wäre ein solcher Zwischensatz nach dem Satze mit *si* nicht nur überflüssig, sondern sogar störend, sofern darin die Unterscheidung läge: ‚non modo si quid re vera merui sed etiam si nihil merui,' während im Zusammenhange auch der leiseste Anklang an die erste Eventualität unpassend ist. Ebenso liegt dem Dichter hier ganz fern, die eventuelle Ungerechtigkeit und Willkür der Delia in der Anwendung des Strafgesetzbuchs hervorzuheben, sodass *immerito* auch nicht im Sinne eines Zwischenrufs ‚quod iniustum erit' zu verstehen ist.

modi nach sich,[1]) bedingte aber keine Veränderung im genus verbi; daher ist wahrscheinlicher, dass *ducar* und *proripiar* als, dass *ducat* und *proripiat* überliefert war. Fand er im Bedingungssatze den Conjunctiv, so musste er ebenfalls den Indicativ einsetzen. Da er *putat* schrieb, hat er *puter* sicher nicht gefunden; daraus hätte er *putor* gemacht. Ob er indes *putat* oder *putet* gefunden, ist nicht sicher zu entscheiden.[2])

Ist die Überlieferung so entstanden, so können wir auch hier nur aus dem Zusammenhange Tibulls etwaige Worte erschliessen und brauchen nicht darauf zu achten, wie viele Buchstaben der überlieferten Worte wir ‚retten'. So verliert die Lesart *pronas* jede Existenzberechtigung. Von den übrigen Vermutungen ist *in medias* ansprechend. Dies schlug Rigler[3]) statt *immerito* vor unter Hinweis auf Terent. Andr. IV 4, 37 sq.[4]), Rothstein (pg. 92) statt *proprias*; letzteres würden wir vorziehen.[5]) Am Anfang des Verses könnte *praeceps* gestanden haben, vgl. II 6, 39 (praeceps delapsa); Plaut. pseud. I 5, 79 (inberen tu hunc praecipitem in pistrinum trahi).

I 7, 55. 56. stand im archetypus:

at tibi succrescat proles, quae facta parentis
augeat et circa stet veneranda senem.

---

[1]) Ein ähnlicher Fall liegt I 1, 25 vor. Der libr. arch. fand ‚iam modo iam possim' und schrieb dies zunächst ab; da er das zweite *iam* für ebenso falsch hielt wie III 6, 23 das doppelte *qualis* (vgl. pg. 14), schrieb er *non* und dann auch *possum* darüber. Daraus machte der excerptor Par. sein ‚quippe ego iam possum'; während M ‚iam modo iam possim' aus dem Text übernahm, wählten die Stammväter unserer Handschriften die als Verbesserung erscheinende Interlinear-Lesart.

[2]) Wir halten *putat* für ursprünglich und meinen, dass dieser vorgefundene Indicativ zur Umsetzung der drei Verba in den Indicativ mit beitrug.

[3]) Annotationes ad Tibullum, partie. I (1839) pg. XXXI.

[4]) iam ego hunc in mediam viam provolvam teque ibidem pervolvam in luto.

[5]) Vgl. Ovid. metam. VI 158 sq.: per medias vias.

Der Ausdruck proles veneranda ist an sich ohne Anstoss,[1] aber es ist fraglich, ob diese Bezeichnung hier angemessen ist. L. Müller schrieb hier[2] *venerande* mit der Begründung:[3] ‚nam ut alia mittam Messallae honori hoc dedicatum carmen, non filiorum eius, qui tum cum scribebatur erant pueri.' O. Richter[4] findet einen guten Sinn in dem Wunsche, dass Messalla ‚einst eine Nachkommenschaft erblüht sein möge, quae augeat facta patris und deshalb veneranda sei.' Dissen sagt freilich: ‚veneranda, rebus gestis et honoribus.' Aber *venerandus* ist oder wird man nach der obigen Auseinandersetzung offenbar durch Thaten oder Eigenschaften, die über das Durchschnittsmafs menschlicher Gröfse hinausgehen. ‚*Augere* facta parentis' heifst nun aber weder *aequare* noch *superare*. Auch Dissens Erklärung ‚augeat aliis praeclaris factis' genügt noch nicht, wenn man bedenkt, dass *augere* ein comparativisches Wort ist und nicht einfach bedeuten kann: factis alia facta addere. Da an ‚carmine (oder ‚laudando') augere res' hier nicht zu denken ist, Messallas Thaten an sich auch nicht als etwas der sachlichen Vergröfserung oder Vervollständigung fähiges hingestellt sein können, so kann ‚facta Messallae' Object von ‚pueri augeant' nur insofern sein, als jene den Ruhm der *gens* bilden.[5] Um so weniger kann ‚auxisse facta parentis (= laudem parentis factis genti partam)' den Titel *veneranda* begründen. Wenn aber auch das von Richter angenommene logische Verhältnis der Sätze nicht besteht, bleibt doch der Geburtstagswunsch ‚filii tui venerandi sint' auch in einem ‚patris honori dedicatum carmen' denkbar, während die Vermutung, Tibull habe die Anrede *venerande* hier zwischengeschoben, unwahrscheinlich ist.

---

[1] Vgl. pg. 22 Anm. 4.
[2] und II 5, 43: vgl. pg. 22 Anm. 4.
[3] praefatio pg. XX.
[4] in der pg. 28 angeführten Recension.
[5] Vgl. I 1,53 sq. (te bellare decet terra, Messalla, marique, ut domus hostiles praeferat exuvias); II 1.33 sq. (gentis Aquitanae celeber Messalla triumphis et magna intonsis gloria victor avis): dazu das Zukunftsbild in dem Weihegedicht für Messalinus II 5, 115—120; auch paneg. 28—32.

Doch darum kann man sich bei der handschriftlichen Lesart noch nicht beruhigen. Mit Unrecht setzt Richter in Müllers Worten ‚ut alia mittam' hinter *alia* ein Fragezeichen: das von diesem hervorgehobene Bedenken steht thatsächlich nicht allein. Wenn Messalla senex und seine Söhne, mögen sie noch so bedeutende Männer geworden sein, zusammen sind, ist es doch allein natürlich, *venerari* auf ihn zu beziehen; es beruht auf richtigem Gefühl, wenn der Stammvater von c d e *venerata* conjicirte und Bährens dies aufnahm. Ferner darf man nach dem Wortlaut fragen: soll denn *veneranda* von der *proles* des Messalla, der ‚noch kein senex ist', erst gelten, wenn er es ist und nicht eventuell schon eher? Andernfalls, hätte Tibull den dann unentbehrlichen Begriff ‚noch', in dem der Wunsch gipfeln würde, auslassen können? Es bleibt nur die Möglichkeit, ‚circa senem stet veneranda proles' auf eine einzelne Situation zu beziehen, welche in Messallas senectus gesetzt wird; wirklich haben die Worte ‚proles te circa[1]) stet' nur so Sinn. Dann kann nämlich nur eine Situation gemeint sein: die Söhne mögen um den auf dem Sterbebette liegenden Vater stehen.[2]) Dass der Römer Tibull bei einer Gelegenheit, von der es II 2, 1 heifst: ‚dicamus *bona* verba: venit natalis' solche auf den Tod des noch rüstigen Mannes weisende Worte des Glückwunsches gesprochen haben soll, ist unseres Erachtens ausgeschlossen[3]). Neben ‚senem circa stet' ist auch die oben offen gelassene Änderung ‚venerata' zwecklos. Wir stünden vor einem Rätsel, wenn nicht die bisher in der Überlieferung Tibulls beobachteten Thatsachen der Annahme, dass mit ‚et circa stet veneranda senem' eine Lücke im archetypus ausgefüllt sein muss, die Berechtigung und Bestätigung gäben. Dem libr. arch., der ein Christ gewesen sein wird, mochte die

---

[1]) Circum (circa) ist, ausser hier, bei Tibull stets Postposition.
[2]) Vgl. I 5, 9 sqq.: cum tristi morbo defessa iaceres, — te circum lustravi sulfure puro.
[3]) In der von Dissen citirten scheinbar ähnlichen Stelle Pindars (olymp. V 21 sqq.) αἰτήσων σὲ ἵπποις ἐπιτερπόμενον γέρειν γῆρας εὔθυμον ἐς τελευτὰν υἱῶν παριϛαμένων gehört ἐς τελευτάν offenbar zu εὔθυμον, und υἱῶν παριϛαμένων nicht zu τελευτά.

Vorstellung der Worte ‚et circa stet senem' näher liegen: mit *veneranda* füllte er den Vers schlecht genug, vgl. seine Worte I 5, 33: et tantum venerata virum. Die verlorenen Worte Tibulls dürften etwas ausgesagt haben, wodurch die oben geforderte Auffassung von ‚facta parentis augeat' klar gestellt wurde; etwa: intonsis et decus addat avis, vgl. II 1, 34: magna intonsis gloria victor avis [1]).

In dem distichon II 2, 21 sq.:

hic veniat natalis avis prolemque ministret
ludat et ante tuos turba novella pedes

setzt der Wunsch ‚hic natalis avis veniat'[2]) voraus, dass sie bei seiner Erfüllung schon *avi* sind; dann ist das folgende ‚prolem ministret', selbst wenn man unter *proles* und *turba novella* Kindeskinder versteht — was gewiss nicht das zunächstliegende ist — sinnlos. Die überlieferte Form kann nicht von Tibull sein. Da *avi* in der Bedeutung ‚die Grofseltern', wenn überhaupt möglich, jedenfalls sehr auffällig ist; da ferner y c Varianten für *hic* bieten, liegt es nahe, hier den Sitz der Corruptel zu suchen. So ist es wohl zu erklären, dass Hiller *hac-avi* nach der Conjectur des Heinsius in den Text aufgenommen hat. Dabei ist aber entschieden übersehen, dass ‚hac avi' nur einen Sinn hat, wenn man dabei, wie Dissen verlangt und L. Müller gethan hat, auch mit Heinsius in V. 17[3]) *viden ut* schreibt statt *utinam*. Eine so gewaltsame und im Distichon V. 17. 18 selbst unnötige Änderung wegen der Conjectur *hac avi* vorzunehmen wäre unmethodisch; denn das einzige, was man für den an sich unseres Erachtens kaum passenden Ausdruck[4]) ‚hac avi' anführen kann, ist grade,

---

[1]) Statt *avis* war im arch. merkwürdiger Weise *ades* geschrieben, wohl um dem distichon ein verbum zu geben.
[2]) oder gar nach Drenckhahns Interpunction ‚(hic natalis) avis prolem ministret'.
[3]) vota cadunt: utinam strepitantibus advolet alis (Amor).
[4]) Vgl. II 5, 12: quid fati provida cantet avis.

dass nur zwei von den überlieferten Buchstaben preisgegeben werden.

Indem wir an der Möglichkeit einer genügenden Conjectur verzweifeln, halten wir es auch hier für die einfachste Erklärung des vorliegenden Thatbestandes, wenn wir annehmen, dass der libr. arch. den halb vorgefundenen Vers ergänzte. Auf ‚natalis veniat' brachte ihn der Schluss von I 7: at tu, natalis multos celebrande per annos, candidior semper candidiorque veni; durch *avis* wollte er, der dort dem Messalla wünscht, dass er erst als Greis inmitten seiner Söhne sterbe, nicht nur den Wunsch eines langen Lebens (multos celebrande per annos) ausdrücken, sondern auch die vorhergehenden Worte ,dum tarda senectus inducat rugas inficiatque genas' mit den folgenden von *proles* und *turba novella* combiniren: hic hat er wie III 6, 23; II 4, 29. 38; I 5, 47 als Versfüllung verwendet, denn weiter ist es auch hier nichts. Wie er aus dem Zusammenhange richtig gesehen hat, wird Tibull im Schlusse den V. 11—20 nicht erwähnten Genius wieder genannt haben, von dem er im Eingang spricht, wie im Schlusse von IV 5 Sulpicia sich wieder an den genius natalis wendet, nachdem, wie hier Amor, dort Venus dazwischen erwähnt ist. Eine Beziehung nur auf den nächsten Geburtstag, wie am Schlusse von IV 6, kann hier wegen des Wortes *turba* nicht wohl gestanden haben. Vielleicht könnte Tibull, sich mit *at* wieder an Cornutus wendend, geschrieben haben: at tibi natalis faveat, vgl. IV 6, 7 (at tu, sancta [natalis Juno]. fave .

Über II 3, 14c (lacteus et mixtus obriguisse liquor) sagt L. Müller pg. XXII: ‚non dubito, quin sit ex eadem fabrica, qua lacuna post v. illum *ipse deus solitus stabulis expellere vaccas* expleta est'. Allein diese Annahme ist hier, wo eine im arch. sicher nicht ausgefüllte Lücke so dicht vorhergeht, mehr wie unwahrscheinlich. Auch sachlich ist es — nachdem im Hexameter nur ausgesagt ist, Apollo habe die erste Anleitung zur Mischung von *lac novum* mit *coagula* gegeben —

durchaus angemessen, wenn im Pentameter über den Erfolg der neuen Mafsregel etwas ausgesagt wird.[1]) An ‚liquor (= lac) rigescit' ist sprachlich nichts auszusetzen[2]); ebensowenig an dem überlieferten compositum[3]), während Lachmanns blendende Vermutung ‚mixtu subriguisse' aufser dem vereinzelten Substantivum auch das sonst nicht bekannte compositum mit dem uns hier überhaupt nicht verständlichen *sub* bei Tibull einführt. Dagegen ist das Attribut *lacteus* nach dem Hexameter ‚et miscere novo docuisse coagula lacte' überflüssig und *mixtus* (das ist: lac mixtum), nachdem eben *coagula* als *mixta* gedacht sind, ungeschickt. Bedenken wir, dass eben der in *mixtus* liegende metrische Fehler von dem libr. arch. in II 1, 58 (zweimal) und in II 4, 38, ein ähnlicher I 4, 44 begangen ist, so ist wahrscheinlich, dass er sich aus dem Hexameter diese Pentameterhälfte zusammengestoppelt hat. Die Frage, was ihn dazu veranlasste, muss, wegen der Möglichkeit eines Zusammenhanges der Defecte, mit dem Verlust des Pentameters zu V. 14a gemeinsam unten erörtert werden.

Nach den Versen 33 sq. desselben Gedichts II 3:

at tu quisquis is es cui tristi fronte Cupido
imperat ut nostra sint tua castra domo

nimmt man allgemein eine Lücke an. Die Schilderung von Apollos Hirtenleben bei Admet hat den Elegiker zu dem Ausruf geführt (V. 29 sqq.):

felices olim, Veneri cum fertur aperte
servire aeternos non puduisse deos.

---

[1]) Soweit stimmen wir mit R. Ullrich (pg. 407 der oben pg. 12 citirten Schrift) überein.

[2]) Vgl. Ovid. metam. IX 357 sqq.: materna rigescere sentit ubera, nec sequitur ducentem lacteus umor.

[3]) Bei der Begegnung des *lac* mit *coagula* tritt *rigescere* ein. — Riglers (annot. ad. Tib. partic. II, 1842, pg. XXXIII) von Hiller aufgenommene Vermutung ‚lacteus et mulctris obriguisse liquor' kann nicht richtig sein, da man *mulctris* neben *obriguisse* als Dativ, nicht als localen Ablativ auffassen würde.

fabula nunc ille est: sed cui sua cura puellast,
fabula sit mavult quam sine amore deus.

Es bedarf wegen der Worte Dissens: ‚omnia pro amore
perpeti et fabula sic fieri mavult quam deus esse non amatus'
der Bemerkung, dass *sine amore* nicht zu *deus* gehört und nicht
‚deus (non amatus)' den Gegensatz zu *fabula* bildet, sondern
nur *sine amore*. Die Construction ist: mavult fabula sit quam
sine amore sit; *deus* ist Subject. Das distichon ist meisterhaft
gebaut: das an derselben Stelle wie im vorhergehenden distichon
einfallende Wort *deus* begrenzt die Aussage ‚fabula sit mavult'
auf den Kreis dessen, von dem es am Anfang hiefs: fabula
nunc ille est. Von den Menschen jener Zeit, in der sogar
Götter *aperte* sich von Venus als Sclaven gebieten liefsen, ist
in *felices olim* gesprochen. Durch V. 31 sq., besonders durch
die mit *nunc* eintretenden praesentia, sind des Dichters Gedanken zur Gegenwart zurückgekehrt, zu deren Menschen er
sich mit *at* wendet. Er redet einen an (tu), aber einen beliebigen (quisquis es), doch nicht jeden beliebigen, sondern nur
jeden unglücklich liebenden[1]). ‚Cupido imperat' enthält dieselbe Vorstellung wie V. 29 ‚Veneri servire'. ‚Tristi fronte'
wird am besten erklärt durch Hinweis auf die Stelle am
Schluss, wo des Dichters Gedanken zu demselben Gegensatz
zurückgeglitten sind, V. 71 sq.: tum, quibus adspirabat Amor,
praebebat aperte mitis in umbrosa gaudia valle Venus; vgl.
auch I 6, 1 sq.: blandos offers mihi vultus, post tamen es misero
tristis et asper, Amor.[2]) Zu ‚cui imperat' vgl. man Hor. epi.
I 10, 47: imperat aut servit collecta pecunia cuique. Wenn
nun freilich ein *ut* folgt, muss jeder denken, dass dasselbe von
imperat abhängig ist. Was heifst dann ‚Cupido tibi imperat,
ut castra tua (in) nostra domo sint'? Etwa: ‚dass du deine
Liebschaft in meinem Hause abmachst'? Das geht schon sach-

---

[1]) Wer du (is), dem —. auch sein magst.

[2]) I 2, 88: non uni saeviet usque deus. Der libr. arch. schrieb *unus*, da in seiner Vorlage t das *i* dem Abkürzungszeichen für *us* ähnlich sah; vgl. Wattenbach, Anleitung zur lat. Palaeographie, 1869, pg. 22 des autographirten Teils.

lich nicht an, denn: rura meam tenent villaeque puellam (V. 1).
Oder: ‚dass du deine militia amatoria an meiner Liebsten übst'?
Tibull kann mit *nostra domus* doch nicht bezeichnet haben ‚das
was mir gehört'. Unter diesen Umständen scheint man die
Worte als Hauptsatz betrachten zu müssen. Das kann man
unseres Erachtens freilich kaum, wenn auf *imperat ut* folgt;
allein gegen die leichten Änderungen der Itali *imperitat* (was
L. Müller in den Text aufnimmt) oder *imperat in* ist an sich
nichts einzuwenden. Aber sie helfen nichts. Denn mit Dissen
zu erklären ‚in mea domo disce militiam amatoriam'[1]) ist sachlich und sprachlich unmöglich. Tibull spricht nicht von seinem,
sondern von Apolls Beispiel: von dem Hauptbegriff der Erklärung (disce) steht auch nicht ein Tüttel im Texte ‚castra
tua sint'. Der Kern der Sache ist: *castra* entzieht sich bei
dieser wie bei der vorigen Construction des conjunctivischen
Satzes jeder für Tibull annehmbaren Erklärung. Wir legen
kein Gewicht darauf, dass er den bei Ovid beliebten übertragenen Gebrauch von *castra* sonst nicht hat[2]); aber wir behaupten: wenn Tibull das Wort übertrug, that er es, wie Ovid[3]),
mit gesundem Verstand und Sprachgefühl. Es kann jemand
‚in castris' sein und etwas ‚in castris' geschehen; aber ‚castra
in domo' ist, wenn man an die militia amantis denkt, sinnlos:
denn nie verliert *castra* den Begriff der Örtlichkeit so, dass es
einfach gleich *militia* ist[4]). Wer schrieb: (ut) nostra sint tua
castra domo, dachte gar nicht an militia amantis, sondern
glaubte wegen V. 35 sqq.[5]), indem er V. 60 nicht beachtete,
der Angeredete sei ein militärischer Nebenbuhler, und wollte

---

[1]) Vgl. R. Ullrich pg. 413: quicunque (ut ego) a Cupidine mala fert, domi meae velim ille castra ponat i. e. quomodo vel hodierna aetate alia studia sectante verus amor se praestet oporteat ex me discat.

[2]) Auch II 6 nicht, wo er nahe lag; vgl. V. 1 (castra Macer sequitur) mit V. 9: castra peto, valeatque Venus valeantque puellae.

[3]) Habet sua castra Cupido: amor. I 9, 1. Wo von *castra* des Liebenden gesprochen wird, wie amor. II 9, 4 (in castris vulneror ipse meis) ist natürlich auch das Kriegslager Amors gemeint, in dem er als Soldat dient (vgl. V. 3: miles nunquam tua signa reliqui).

[4]) Vgl. Ovid. amor. I 9, 44; art. am. II 236, III 559.

[5]) Vgl. pg. 27 zu I 5, 47.

etwa den Gedanken ausdrücken: derselbe habe auf Befehl des Tibull ungünstig gestimmten Amors seinen Aufenthalt, der eigentlich das Lager sei, in dem Gebiete des liebenden Dichters genommen, der Soldat in dem der Venus geweihten Hause, in das er nicht gehöre, da ‚ferrea non Venerem sed praedam saecula laudant'. Den Gedanken und die Worte hat ihm die bittere Not ausgepresst, die ihn zwang, das allein noch vorgefundene *imperat* zu einem Verse zu ergänzen und mit dem folgenden Distichon zu verbinden. Der seltnere Gebrauch von *impero* führte ihn auf einen Satz mit *ut*: er übersah, dass so ‚(at) tu' des Verbums, das ihm Tibull sicher gegeben hat, verlustig bleibt. Was für eine Aussage Tibull mit *at tu* eingeleitet haben mag, kann uns Ovid. art. am. II 239 sqq. andeuten, wo offenbar dies Gedicht Tibulls vorschwebt[1]):

Cynthius Admeti vaccas pavisse Pheraei
fertur, et in parva delituisse casa.
quod Phoebum decuit, quem non decet? exue fastus,
curam mansuri quisquis amoris habes.

Dieser Gedanke konnte wohl in dem zur Verfügung stehenden Teil des Pentameters ausgedrückt werden,[2]) sodass die Annahme, nach V. 34 sei ein distichon ausgefallen, nicht unbedingt nötig ist. An ihn, dessen erstes Anklingen (V. 5—10) den Dichter auf Apollos Dienstzeit gebracht hat, schliefsen sich in tibullischer Elegie V. 35—46 ohne weiteres an und führen ebenso wieder zu ihm zurück in V. 47 sq.:

at tibi laeta trahant Samiae convivia testae
fictaque Cumana lubrica terra rota.

Das Pronomen *tibi* nimmt *at tu* (V. 33) wieder auf. Dass in den excerpta Par. dafür *mihi* eingesetzt wird, ist aus ihrem Zwecke verständlich; der arch. hat sicher *tibi* geboten. Wäre dem auch nicht so, wäre nichts als *mihi* überliefert, so müsste doch des Gedankengangs wegen *tibi* geschrieben werden.

---

[1]) Vgl. auch V. 275 sq. (munera magna petuntur: dummodo sit dives, barbarus ipse placet) mit Tib. II 3. 59 sq. (regnum ipse tenet, quem saepe coegit barbara gypsatos ferre catasta pedes).
[2]) z. B.: exemplo vivere disce dei; cf. I 9, 40; Lygd. 6, 43 sq.

— 42 —

Wir stellen nach der Reihenfolge der Verse zur Übersicht zusammen, was wir über gröfsere Lücken in der Handschrift, nach welcher der archetypus unserer vollständigen Handschriften gemacht ist — wir haben sie *t* genannt, um anzudeuten, dafs sie dem tibullischen Texte näher steht — und über das Verfahren des libr. arch. in diesen Fällen bis jetzt zu wissen bezw. als wahrscheinlich annehmen zu sollen glauben.

Nach I 2, 25 fehlte in t ein ganzer Pentameter; der libr. arch. liefs auf I 2, 25 den Hex. 25a folgen [1]).

Von I 3, 50 stand in t nur noch der Anfang: *nunc* der libr. arch. ergänzte: *leti mille repente viae.*
mare nunc;

Von I 4, 44 stand in t nur noch das Ende: *imbrifer* der libr. arch. ergänzte: *venturam admittat[2])* [3]).
arcus aquam;

Von I 5, 33 stand in t nur noch das Ende: *hanc schola* der libr. arch. ergänzte: *et tantam veneratur virum* [3]).
curet;

Von I 5, 47 stand in t nur noch der Anfang: *haec* der libr. arch. ergänzte: *quod adest huic dives amator.*
nocuere mihi;

Von I 6, 42 stand in t nur noch das Ende: *stet procul* der libr. arch. ergänzte: *stet procul aut alia.*
ante via;

Von I 6, 72 stand in t nur noch das Ende: *provi-* der libr. arch. ergänzte: *immerito propriis* [4]).
piarque vias;

Von I 7, 56 stand in t nur noch der Anfang: *augeat*; der libr. arch. ergänzte: *et circa stet renovanda senem.*

Nach I 10, 25 fehlte in t ein ganzer Pentameter und der libr. arch. liefs auf I 10, 25 den Pent. 26 folgen [6]).
ein ganzer Hexameter [5]);

Von I 1, 58 stand in t nur noch der Anfang: *dux peroris*; der libr. arch. ergänzte: [3]) *hircus* [3]) *auxerat hircus oves.*

Von II 2, 21 stand in t nur noch das Ende: *prolemque* der libr. arch. ergänzte: *hic veniat natalis avis.*
ministret;

Nach II 3, 14a fehlte in t anscheinend [8]) ein ganzer der libr. arch. liefs auf II 3, 14a den Hex. II 3, 14b Pentameter; folgen [7]).

Von II 3, 14c stand in t anscheinend [8]) nur noch das der libr. arch. schrieb davor: *lacteus et mixtus* [3]).
Ende: *obriguisse liquor*;

Von II 3, 34 stand in t nur noch der Anfang: *imperat*; der libr. arch. ergänzte: *ut nostra sint tua castra domo* [9]).

— 43 —

Nach II 3, 74 fehlte in t ein ganzer Hexameter; der libr. arch. liefs auf II 3, 74 den Hexameter 76 folgen [10]).

Von II 4, 29 stand in t anscheinend[8]) nur noch das Ende: *et Coa puellis*; der libr. arch. schrieb davor: *hic dat araribue causas*.

Von II 4, 37 sq. stand in t nur noch der Anfang des Hex.: *hinc fletus risusque sonant*, der ganze Pentameter fehlte; der libr. arch. ergänzte zum distichon: *haec denique causa facit ut infamis*[3]) *hic dens esset Amor*.

Nach III 4, 64 fehlte in t anscheinend[8]) ein ganzer Hexameter; der libr. arch. liefs auf III 4, 64 den Pentameter 66 folgen [11]).

---

[1]) Bährens: sine intervallo coniungunt A V. Es ist aufser Zweifel, dafs O hierin den arch. wiedergab.
[2]) Wodurch vielleicht *aquam* statt eines ursprünglichen *aquas* erforderlich wurde.
[3]) Mit metrischem Fehler.
[4]) wodurch kleinere Änderungen in V. 70—72 nötig wurden.
[5]) Vgl. die kritischen Noten bei Lachmann, Müller, Bährens und Hiller.
[6]) Bährens: nulla in A V lacuna; vgl. Anm. 1. — Nach I 10,50 eine Lücke anzunehmen ist nicht notwendig, vgl. Leo pg. 27.
[7]) Bährens: sine interstitio coniungit A. (In V nicht erhalten); vgl. Anm. 1.
[8]) Vgl. unten.
[9]) Über die Annahme einer Lücke nach II 3, 34 vgl. oben pg. 41. Nach II 3, 58 fehlt nichts: Der schneidende Gegensatz, in dem der, aus dichterischer Träumerei entnommene, Rat V 47 sq. (vgl. pg. 41) zu dem in der Gegenwart und Wirklichkeit beobachteten steht, kommt in V. 49 zum Bewusstsein: *heu heu divitibus video gaudere puellas*; *video* ist nicht blofse Vorstellung: es wird noch nicht ausgesagt ,gaudent', sondere mihi videntur'. An diese allgemeine (puellas) Beobachtung knüpft sich der entgegengesetzte Rat, wenn wirklich (diesen Sinn des *si* deutet die Stellung des Condicionalsatzes an) Venus optat opes, und er wird in V. 51 - 58 (die eng zusammengehören und keinen neuen Hauptgedanken bringen) auf Nemesis angewendet, unter der Voraussetzung immer noch, dass Venus optat opes, dass die Beobachtung ,divitibus video gaudere puellas' zutreffend ist und Nemesis zu diesen *puellae* gehört. Dass jenes allgemeine Beobachtung und dieses der Fall ist, sagt das in tibullischer Elogio ohne Schwierigkeit an V. 49 sq. sich anschliefsende distichon V. 59 sq.: nota loquor: regnum ipse tenet quem saepo coegit barbara gypsatos ferre catasta pedes. Darnach bedarf die Conjectur *nam* keiner weiteren Widerlegung.
[10]) Bährens: 74 cum 76 cohaeret in A V; vgl. Anm. 1.
[11]) Bährens: 65 cm. A V, vgl. pg. V und XIX seiner prolegomenen; vgl. Anm. 1.

Diese Tabelle veranschaulicht, wie systematisch der librarius archetypi verfuhr, um ein keine Lücke zeigendes Exemplar herzustellen. Das war sein Hauptzweck; wir betrachten es als ganz sicher, dass er nirgends aufser II 4, 38, wo die notwendige Ergänzung des Hexameters den Pentameter mit in Anspruch nahm, einen ganzen Vers oder gar ein distichon interpolirt hat.

Die Tabelle zeigt ferner, dass die äufsere Beschädigung der Handschrift t, die wir im allgemeinen als Grund dieser Interpolationen im arch. annahmen, nicht alle Teile des corpus Tibullianum gleichmäfsig betroffen hat. Die Abschnitte zwischen I 3, 50 und I 7, 56, besonders I 5. 6, und zwischen II 1, 58 und 4, 38, besonders II 3. 4 haben am meisten gelitten; nur wenig I 1, 1—3, 50 und I 7, 56—II 1, 58. Die ganze Masse von II 4, 38 an zeigt nur einen anscheinend ähnlichen Fall, und wir halten für möglich, dass dort nicht eine äufsere Beschädigung von t zu Grunde liegt. Da nemlich III 4, 65 und 66 mit denselben Worten ‚saevus Amor docuit' beginnen, liefse sich auch denken, dass der libr. arch. aus Versehen den Hexameter ausliefs. Noch wahrscheinlicher ist uns eine andere Erklärung. Wir haben gesehen, dass der libr. arch. I 1, 25 und III 6, 23[1]) vermeintliche Dittographien durch eigene Conjectur entfernte. Ebenso hat er nach unserer Ansicht I 7, 49 das tibullische ‚genium ludis geniumque choreis concelebra' noch vorgefunden und für nötig gehalten, das eine *genium* zu ersetzen, wodurch, wie bei seinen Interpolationen von I 4, 44 vielleicht, von I 6, 72 und I 1, 25 jedenfalls[2]), eine weitere kleine Änderung nötig wurde.[3]) Ebenso zweifeln wir nicht, dass in dem Pentameter des Distichons, von dem wir ausgehen, in t noch stand, was uns F allein erhalten hat: verbera saeva

---

[1]) Vgl. pg. 33 Anm. 1.
[2]) Vgl. pgg. 10; 31 sqq.
[3]) Ist die Entstehung des überlieferten ‚centum ludos' in dieser Weise zu erklären, so ist es nicht methodischer, *ludo* statt *ludos* zu schreiben, als das durch den Sinn und die Concinnität empfohlene *ludis* einzusetzen. Vgl. Magnus pg. 289.

pati¹): dies wurde wegen des in demselben Verse vorhergehenden *saevus* vom libr. arch.²) durch *posse* ersetzt. Grade diese bewusste Änderung macht es unwahrscheinlich, dass der libr. arch. in demselben distichon versehentlich den Hexameter ausgelassen hat. Die Möglichkeit, dass sein Abschreiber dies Versehen beging, besteht; ihre Annahme empfiehlt sich aber nicht, weil man dann ferner annehmen müsste, dass nur eine unmittelbare Abschrift vom arch. genommen sei. Statt dieser etwas complicirten Annahmen glauben wir vielmehr folgendes: Der libr. arch. schrieb III 4, 65 zunächst ab: an der Wiederkehr von ‚saevus Amor docuit' nahm er auch hier Anstofs, wusste aber erklärlicher Weise keinen passenden Ersatz zu ersinnen. Er tilgte nun durch Punkte ‚validos temptare labores' und schrieb den Schluss des Pentameters³) mit seiner Conjectur *posse* zwischen den Zeilen dazu. So erklärt es sich am leichtesten, dass y e d e mit Ersetzung des im arch. als falsch Bezeichneten den halb richtigen Hexameter ‚saevus Amor docuit dominae fera verba minantis' bieten⁴), während in O mit den im arch. punctirten Worten der Hexameter völlig verschollen ist.

Betrachten wir die übrigen vier Stellen, wo im arch. Verse fehlten, so zeigt sich, dass in I 2, 25 und II 3, 75 ein ähnlicher Grund nicht denkbar und auch bei dem doppelten Ausfall nach I 10, 25 nicht wohl annehmbar ist, sodass äufsere Beschädigung von t den Ausfall dieser 4 Verse herbeigeführt haben muss. Dagegen scheint es uns möglich, dass auf II 3, 14ᵃ ein ebenfalls mit ‚ipse deus solitus' beginnender

---

) Vgl. Tib. I 6, 37 sq.: non saeva recuso verbera.
²) von dem also die excerpta Fris. abhängig sind.
³) Dessen Aussage ‚docuit verbera pati' konnte er auch in Rücksicht auf den Schluss des von Lygdamus benutzten tibullischen Gedichtes II 3 (non ego me verberibus nego) für weniger entbehrlich halten als die nicht so starkes besagenden Worte ‚validos temptare labores'.
⁴) Hätten ihre Stammväter im arch. nichts als den Pent. III 4, 64 und den Pent. 66 hinter einander gefunden, so hätten sie auf diese Ergänzung nur durch eine Art von ‚Inspiration' kommen können.

oder es enthaltender Pentameter folgte und in t noch stand,
aber, sei es aus Versehen, sei es — was auch hier wegen der
bewussten Interpolation im folgenden Pentameter 14c wahrscheinlicher ist — infolge ähnlicher Erwägungen, wie wir zu
III 4, 65 vermuteten, vom libr. arch. ausgelassen wurde.
Waren die wiederholten Worte im Pentameter so gestellt:

ipse deus . . . . est solitus,

so zeigt sich, dass das Verfahren des libr. arch. hier mit dem
dort nicht schablonenmäfsig übereinzustimmen braucht; dazu
kommt, dass hier der Hexameter wegen der Erwähnung der
vaccae unentbehrlich war. Nachdem er also diesen abgeschrieben
hatte, liefs er den Pentameter ganz aus, woraus sich erklärt,
dass hier die Ergänzungsverse der interpolirten Handschriften
auch unter sich nicht in einem Worte übereinstimmen. Der
zurückbleibende Hexameter, in dem er zu *solitus* das fort-
gefallene *est* sich ergänzte, war aber zu kahl, um für sich zu
stehen, und so wurde vermutlich auch hier durch das Gegenstück einer Interpolation eine weitere Änderung herbeigeführt.
So ist wohl das anknüpfende *et* in V. 14b entstanden für ein
ursprüngliches *tum*, das dem *tum* von V. 15 gegenüberstand.
Es folgt ein Paar mit *o quotiens* beginnender, dann ein
Paar mit *saepe* beginnender disticha; den letzten beiden entsprechen die beiden folgenden (V. 25—28) nach dem Schema
a b b a. Lautete die Stelle etwa:

ipse deus solitus stabulis expellere vaccas,
ipse deus mammas exprimere¹) est solitus.

---

¹) Vgl. Verg. georg. III 310 (pressis manabunt flumina mammis);
Tib. I 7, 35 sq. (sapores expressa incultis uva dedit pedibus). Selbstverständlich kann in dem Verse auch die Heimführung oder Tränkung
der Herde beschrieben gewesen sein; doch scheint eine Erwähnung des
Melkens besonders gut zu den folgenden Worten von der Käsefabri-
cation hinüberzuführen. In dem distichon von 14ᵃ hätte Tibull dann
zwei für den Stand der Erniedrigung des Gottes charakteristische Züge
herausgehoben, um daran in V. 14ᵇ—16 eine an I 7, 29 sqq. erinnernde
Gedankenreihe zu knüpfen.

> Tum miscere novo docuisse coagula lacte
> fertur, et in mulctris¹) obriguisse liquor;
> tum fiscella levi detexta est vimine iunci,
> raraque per nexus est via facta sero.
>> o quotiens illo vitulum gestante per agros
>> dicitur occurrens erubuisse soror!
>> o quotiens ausae, caneret dum valle sub alta,
>> rumpere mugitu carmina docta boves!
>>> saepe duces trepidis petiere oracula rebus,
>>> venit et a templis irrita turba domum;
>>> saepe horrere sacros doluit Latona capillos,
>>> quos admirata est ipsa noverca prius.
>>> quisquis inornatumque caput crinesque solutos
>>> adspiceret, Phoebi quaereret ille comam.
>> Delos ubi nunc, Phoebe, tua est, ubi Delphica Pytho?
>> nempe amor in parva te iubet esse casa.

so könnte die in 14c überlieferte Interpolation ‚lacteus et mixtus' nicht nur durch eine Lücke in t, sondern auch wieder durch das *et* in V. 14b veranlasst sein, indem *obriguisse* dem *docuisse* in die Abhängigkeit von *solitus* folgen und zu dem Zweck *fertur* gestrichen werden musste. Trat *lacteus* ein, so wurde *in* und damit *mulctris* verdrängt und durch *mixtus* ersetzt, um das nun, da das Distichon nicht mehr ein in sich geschlossenes Ganze bildete, allenfalls mögliche Misverständnis, es handele sich bei *lacteus liquor* um blofse Milch, auszuschliefsen.

Unter den übrigen 12 versergänzenden Interpolationen des libr. arch. ist eine, aber auch nur eine, bei der die Interpolation durch ähnliche Erwägungen und nicht nur durch äufsere Beschädigung des Textes in t erklärt werden kann, nämlich II 4, 29. Nehmen wir an, es hätte Tibull geschrieben und darnach in t gestanden:

---

¹) Vgl. oben pg. 38 Anm. 3.

o pereant a quis[1]) portatur[2]) Coa puellis
vestis et e rubro lucida concha mari,

so könnte dem libr. arch., wie er in demselben Gedicht die Lücke bei V. 37 durch eine Begründung ergänzte, eine begründende Erklärung der gegen unschuldige Handwerker und Kaufleute gerichteten Verwünschung passender erschienen sein als eine Wiederholung der Worte vom Anfang des vorhergehenden Distichons ,o pereat'. Indes behaupten wir bezüglich der ergänzten Verse II 3, 14 c; 4, 29 und der ausgelassenen III 4, 65; II 3, 14ᵃ vorerst nur die Möglichkeit, noch nicht die Wahrscheinlichkeit solcher Erklärung. Dagegen I 1, 25; III 6, 23; I 7, 49; III 4, 66 scheint sie uns mehr oder minder sicher zu sein.

Die an diesen 4 Stellen gemachte Beobachtung über das Verfahren des libr. arch. muss für die Beurteilung der Überlieferung in I 5, 61:

pauper erit praesto tibi praesto pauper adibit

maſsgebend sein. Bubendeys Annahme[3]) ist mit jener Beobachtung unvereinbar. Dazu bedarf ,pauper erit praesto' der Ergänzung durch *tibi* ganz notwendig und an dem zweiten *pauper* ist auch kein Anstoſs zu nehmen. Wäre aber dazwischen ein Wort verloren gewesen, so hätte der Wiederholungen sonst perhorrescirende libr. arch. *praesto* um so weniger eingesetzt, als das unbedingt erforderliche *semper*[4])

---

[1]) *quis* auch I 2, 53; 6, 13.

[2]) Das Verbum wird durch die in *Coa* und *e rubro mari* ausgedrückte Beziehung auf die Herkunft der Importartikel empfohlen; vgl. auch I 3, 93 sq.; II 2, 18; 6, 8. Lygd. 2, 23 sq.: mittit Panchaia merces eoique Arabes et Assyria.

[3]) pg. 25: ,cum in exemplaribus legeretur: ,pauper erit praesto ... adibit' librarii verba *praesto pauper* vel *tibi praesto pauper* repetierunt'.

[4]) Die Aussage ,pauper erit praesto tibi semper' wird im einzelnen illustrirt durch ,pauper adibit primus' (nämlich *mane* wie ein *cliens*) und das folgende. Er will, um an ihrem ,tenerum latus' zu sein, wie ein Sclave im Gedränge der Straſse ihr vorwärtshelfen, sie unbemerkt zu ihren ,occulti amici' geleiten und auch da noch als ihr Sclave fungiren, um ihren schneeweiſsen Fuſs berühren zu können (vgl. V. 43 sq.). Das

auch für ihn auf der flachen Hand lag. Ja wir dürfen sagen, er wäre, wenn er das doppelte *praesto* fand, stutzig geworden und hätte die Dittographie auch hier einfach beseitigt. Demnach ist der vorliegende Thatbestand so zu erklären: In t stand ‚pauper erit praesto tibi semper, pauper adibit'; der libr. arch. beging nach L. Müllers Worten (praefatio pg. XII) ‚vitium sane frequens repetiti per errorem eiusdem vocabuli, quo sincerum expelleretur'. Hätte er in t gefunden ‚semper tibi' wäre seine Schreibung nicht so leicht erklärlich. Auch in der Vorlage des excerptor Par. braucht *semper* nicht vor dem Pronomen gestanden zu haben; ‚semper te' lässt sich als halbrichtige Conjectur aus der leicht als unrichtig zu erkennenden Lesart des arch. begreifen. Dass er dann nicht ‚tibi semper' schrieb, lässt sich bei ihm[1]) aus Rücksicht auf den Rhythmus des Verses erklären: übrigens bedurfte aufserhalb des Zusammenhangs, in einer ganz allgemeinen Aussage *praesto* der Ergänzung durch das Pronomen weniger als *adibit*, bei dem nach Fortfall der römischen Beziehung auf die Clientelschaft die Bedeutung ‚aufsuchen' dadurch klargestellt wurde. Wir würden demnach im Texte *tibi semper*[2]) schreiben: *semper*,

---

ist freilich das höchste, wozu der verliebte *pauper*, der doch selbst *amicus* sein möchte, sich, um jetzt eingelassen zu werden, erbieten kann: ihr bei ihren heimlichen Liebschaften förderlich zu sein. Der Einwand, welchen unser modernes Empfinden — beeinflusst durch eine im allgemeinen zu ideale, nach einem deutschen Minnefrühling geformte Vorstellung von dem ‚Verhältnis' Tibulls zur Delia, in der z. B. R. Ullrich, Studia Tibulliana, Berlin 1889 pg. 14 mit einer ‚Delia innocentissima' argumentirt — gegen solch Anerbieten erhebt, berechtigt uns nicht, die Worte des römischen Dichters künstlich wider den Zusammenhang zu deuteln, was selbst Leo pg. 40 thut, wenn er, ähnlich wie Dissen, erklärt: ‚Ich bin arm, aber in meiner Verborgenheit entgehst du dem Gerede. — Der Arme hat auch den Vorzug, dass seine Freunde nicht in prunkender Öffentlichkeit ihre Gelage halten.' Jenes Bedenken liegt einer Delia fern; ein so gemeintes Anerbieten müsste eine Delia vielmehr abschrecken als für den Anerbietenden gewinnen. Man vergleiche übrigens Tibulls Dienstanbietungen an den Mann in I 6.

[1]) Vgl. Rothstein pg. 29; bei seiner Änderung des folgenden Verses kommt sicher Metrisches mit in Betracht.

[2]) Des Rhythmus wegen umzustellen erscheint doch bedenklich.

weil es der Zusammenhang erfordert, nicht weil es in P steht;
unter Berufung auf die Excerpte *semper* voranzunehmen und
tibi zu schreiben, wie Müller thut, ist inconsequent. Wenn
Leo pg. 41 sagt: ‚V. 61 *pauper erit praesto, semper te pauper
adibit primus* ist kein Grund von der besten Überlieferung[1])
abzuweichen', so ist er zwar consequenter, geht aber von einer
hier sicher unzutreffenden[2]) Voraussetzung aus, die ihn es hat

---

[1]) Leo sagt nämlich pg. 2: ‚Die Echtheit der Excerptenüberlieferung ist durch Stellen wie IV 1. 96. 102. 104, wo das Fragment des Cuiacius vorliegt, gesichert.' Rothstein führt pg. 34—36 als loci ‚quibus verum sine ulla interpolationis suspicione ab excerptis praebetur' auf: I 9, 23 sq.; II 4, 12; III 6, 44; IV 1, 39. 96; indes dass man über die erste Stelle auch anders urteilen kann, giebt er selbst zu (vgl. auch unten), und gegen die Beweiskraft der zweiten vergleiche man Philologus 1888 pg. 378 sq. Es ist beachtenswert, dass die übrig bleibenden Beweisstellen für die Güte der Excerptenüberlieferung dem Teil des corpus Tibullianum angehören, welcher im fragm. Cuiac. enthalten war. Wenn sich nun herausstellt, dass thatsächlich in dem anderen, ersten Teile des corpus nicht eine einzige Lesart der exc. Par. zu der Annahme zwingt, dass sie auf selbständiger, vom arch. unabhängiger Überlieferung beruhen, so wird die — zur Erklärung der Übereinstimmung, die Leo hervorhebt, ebenfalls dienende — Möglichkeit, dass der excerptor Par. — oder der Verfasser seiner Vorlage — das fragm. Cuiac. mit herangezogen hat, zur Wahrscheinlichkeit, um so mehr, als F und P sich örtlich nahe gewesen sind. Für die Kritik ist diese Hypothese insofern von Wichtigkeit, als man Lesarten von P im ersten Teil nicht unter Berufung auf echte Überlieferung von P im zweiten Teil Autorität beilegen darf.

[2]) Denn eben diese ‚beste Überlieferung' bietet statt ‚in tenero fixus erit latere' im folgenden Verse ‚in duro limine fixus erit'; das heifst: sie scheut sich in der ausgezogenen Stelle (V. 61—64) nicht, Sinn und Versbau umzumodeln. — Nach Auffindung von A V, als Vertretern einer von weiteren Interpolationen verhältnismäfsig reinen Abschrift des interpolirten archetypus, verdient erst recht Beachtung, was L. Müller pg. XII sagt: ‚omnis fere fides traditionis in plenis Tibulli carminum libris nititur, neque quidquam ex florilegiis inter verba eius recipiendum, nisi quod, vel coniectura si esset inventum, debebat praeferri. Excipienda tamen sunt ut par est exempla, rara quidem illa etc.' Dass Bährens den Wert, welchen A V in dieser Hinsicht haben, nicht erkannte, ist aus seinem unrichtigen Urteil über g erklärlich; aber auch Hiller bevorzugt mehrfach mit Unrecht die Lesart in Par. vor der in A,

übersehen lassen, dass der Begriff *semper* (‚fortwährend' oder ‚in jedem Fall') zu diesem *adibit* — welches ein *cotidie* vertragen würde — gar nicht passt. Wollte man freilich bei dieser Lesart hinter *semper* interpungiren, so träte das unbetonte Pronomen verkehrter Weise an die Spitze des Satzes. — Diese Stelle gehört entschieden nicht zu den ‚exempla rara', von denen L. Müller am Schlusse der angeführten Worte spricht.

Nach dieser Digression kehren wir noch einmal zu der obigen Tabelle zurück. Von den in ihr aufgeführten Stellen dürfen wir III 4, 65; II 3, 14a und 14c; 4, 29 von der folgenden Betrachtung ausscheiden, weil bei ihnen eine andere Erklärung der Corruptel als die durch äufsere Umstände von t denkbar war. Bei den übrigen 14 beachten wir, von der Erwägung ausgehend, dass der obere und der untere Rand Beschädigungen mehr ausgesetzt sind als die Mitte der Seite, die Zwischenräume, durch die sie getrennt sind. Da wir von vorn herein nicht wissen können, ob und eventuell wievielzeilige interstitia beim Beginn eines neuen Gedichts t hatte, ist es ein glücklicher Zufall, dass drei Zwischenräume innerhalb von Gedichten liegen; diese betragen in I 5: 13, in I 6: 29, in II 3: 40 Zeilen. Bedenkt man, dass der dem Zwischenraum vorhergehende oder der ihm folgende Vers, den der Schaden betroffen hat, oder auch beide auf denselben Seiten wie die Zwischenraumzeilen gestanden haben können, so führen diese drei Zeilenzahlen der Zwischenräume auf eine Durchschnittszahl von 14, eine gelegentliche von 15 Zeilen für die Seite in t.[1]) Nun sind in den Handschriften die 36 Gedichte des corpus Tibullianum richtig abgeteilt mit nur 3 Ausnahmen: sie verbinden IV 12 erst mit III 6b, dann mit IV 11 zu einem Gedicht und sie lassen II 5, 39 und III 6, 33, wo der Zu-

---

wohl infolge der — auf unrichtige Ansicht (vgl. unten) über die Entstehung der varia lectio in I 1, 43 sich stützenden — Annahme, dass der unmittelbare Archetypus unserer Handschriften aus der Handschrift des Excerptors stammen könne (vgl. Magnus pg. 319).

[1]) $1 + 13$ oder $13 + 1$; $14 + 15$ oder $15 + 14$ oder $15 + 15$; $1 + 40$ oder $40 + 1$ oder $1 + 40 - 1 = 3 \times 14$.

sammenhang wirklich unterbrochen scheinen kann, eine neue Elegie beginnen. Diese Thatsache lässt erschliefsen, dass t Initialen und, wenn das neue Gedicht nicht auf neuer Seite begann, jedenfalls also auch interstitia gehabt hat; begann ein Gedicht auf neuer Seite, könnte gelegentlich ebenso eine Zeile wegen der Initiale freigeblieben sein.

Für die folgende Tabelle ist wieder zu erwägen, dass zu den links stehenden Bezeichnungen der Gröfse der Zwischenräume eventuell die vorhergehenden oder folgenden Verse oder beide hinzukommen, und dass i ($=$ interstitium) $= 0$ sein kann; wo nicht, etwa $= 1$ sein mag. In der rechten Columne stehen Vielfache von 14[1]), gelegentlich in Klammern Vielfache von 15. Bei Berücksichtigung der angegebenen Umstände zeigt sich, dass die Gröfsen der beiden Columnen sich so nahe stehen, wie das bei derartigen Berechnungen nur irgend erwartet werden kann.

Es folgen Zeilen

auf I 2, 25 : $74 + i + 49 = 123 + i$ | 126
auf I 3, 50 : $44 + i + 43 = 87 + i$ | 84 (90)
auf I 4, 44 : $40 + i + 32 = 72 + i$ | 70 (75)
auf I 5, 33 : 13 | 14
auf I 5, 47 : $29 + i + 41 = 70 + i$ | 70
auf I 6, 42 : 29 | 28
auf I 6, 72 : $14 + i + 55 = 69 + i$ | 70
auf I 7, 56 : $195 + 3 i$ | 196
auf I 10, 25 : $43 + i + 57 = 100 + i$ | 98 (105)
auf II 1, 58 : $32 + i + 20 = 52 + i$ | 56
auf II 2, 21 : $1 + i + 37 = 38 + i$ | 42
auf II 3, 34 : 40 | 42
auf II 3, 75 : $5 + i + 36 = 41 + i$ | 42

---

[1]) 14 Zeilen auf der Seite muss auch der codex gehabt haben, aus dem V stammt. II 2, 20—3, 52 omisit V, bemerkt Bährens. Hiller übernimmt (praef. pg. V) diese Zahl, ohne zu bedenken, dass Bährens nach seiner Ausgabe citirt; V. 52 Bähr. ist V. 49 vulg. Es sind also aus-

An zweien der in Rede stehenden Stellen (I 2, 25; II 3, 75) liegt die Verderbnis am Tage und heischt Erklärung; an dreien (I 6, 42; 10, 25; II 1,58) ist sie auch von anderen vermutet worden; an neun Stellen (I 3, 50; 4, 44; 5, 33. 47; 6, 72; 7, 56; II 2, 21; 3, 34; 4, 37 sq.) — darunter ist keine, die nicht schon früher die Kritik herausgefordert hat — haben wir sie aus Sprache, Metrum, Zusammenhang erschlossen, ohne an eine Zeilentheorie auch nur zu denken. Auf diese führte, nachdem die Untersuchung bis zu diesem Punkte geführt war, die zufällige Beobachtung, dass in I 5 vom Anfang des Hexameters 33 soviel verloren ist wie vom Ende des Hexameters 47, was sich offenbar am leichtesten erklärt, wenn die Verse — als Antipoden, so zu sagen, — auf erster oder letzter Zeile von pars antica und postica desselben später beschnittenen oder befressenen Blattes gestanden haben. Von hier ausgehend sind wir, mit vielfachen Umwegen, zu der folgenden Reconstruction von t gelangt, um die Möglichkeit zureichender Erklärung dafür, dass diese Stellen grade von gröfseren Schäden betroffen wurden, darzuthun. Auf Einzelheiten legen wir dabei kein Gewicht und hoffen, auf die zweifelhaften Punkte selbst überall hingewiesen zu haben; nur soviel behaupten wir mit Bestimmtheit: die verlorenen oder verstümmelten und vom libr. arch. ergänzten Verse, von denen wir sprechen, können an der Commissur von Seiten in t ihre Stelle gehabt haben. Diese Stellen bezeichnen wir in der Tabelle durch 0 bezw. †; i = interstitium bezw. Raum für die Initiale; a = antica, p = postica; z = Zeile. Es enthielt Seite

gelassen 55 Verse; auf dem ersten ausgelassenen Blatte begann II 3. Demnach sind 2 Blätter der Vorlage (4 × 14 Zeilen) übersprungen. 1[a] enthielt: 2, 20—3, 10 = 3 + i + 10; 1[b]: 3,11 —21 = 14; 2[a]: 22—35; 2[b]: 36—49.

1p:	I 1, $1-14 = i+14 = 15z$		p:	7, $1-14 = i+14 = 15z$ (wie die pars ant.)
2a:	$15-29 = 15z$		20a:	$15-28 = 14z$
p:	$30-44 = 15z$		p:	$29-42 = 14z$
3a:	$45-59 = 15z$		21a:	$43-56 = 14z$ †
p:	$60-74 = 15z$		p:	$57-8, 5 = 8+i+5 = 14z$
4a:	$75-2, 10 = 4+i+10 = 15z$		22a:	8, $6-19 = 14z$
p:	2, $11-25$ Hex. $= 15z$ 0		p:	$20-33 = 14z$
5a:	25 Pent. $-37 = 14z$		23a:	$34-48 = 15z$ ⎧ um c. 8 zugleich mit
p:	$38-51 = 14z$		p:	$49-63 = 15z$ ⎨ einer Seite
6a:	$52-65 = 14z$		24a:	$64-78 = 15z$ ⎩ enden zu lassen.
p:	$66-79 = 14z$		p:	9, $1-14 = i+14 = 15z$ (wie die pars ant.)
7a:	$80-93 = 14z$			
p:	$94-3, 8 = 5+i+8 = 14z$		25a:	$15-28 = 14z$
8a:	3, $9-22 = 14z$		p:	$29-42 = 14z$
p:	$23-36 = 14z$		26a:	$43-56 = 14z$
9a:	$37-50 = 14z$ †		p:	$57-70 = 14z$
p:	$51-64 = 14z$		27a:	$71-84 = 14z$
10a:	$65-79 = 15z$ ⎧ um c. 3 zugleich mit einer Seite enden zu lassen; die		p:	10, $1-13 = i+13 = 14z$
p:	$80-94 = 15z$ ⎨ Zeilenzahl 15 wird auf 4 Blättern festgehalten.		28a:	$14-25$. P.H. $= 12+2 = 14z$ 00
			p:	$26-39 = 14z$
11a:	4, $1-14 = i+14 = 15z$		29a:	$40-54 =$ ⎧ um c. 10 l. 1 zugleich mit einer
p:	$15-29 = 15z$			$15z$ ⎨ Seite enden zu lassen; die Zeilenzahl 15 wird auf
12a:	$30-44 = 15z$ †		p:	$55-68 =$ ⎨ 3 Blättern festgehalten.
p:	$45-59 = 15z$			$14z(+1)$ ⎩
13a:	$60-74 = 15z$			
p:	$75-5, 4 = 10+i+4 = 15z$ (wie die pars ant.)		30a:	II 1, $1-13 = J$ (grösser beim Buchanfang) $+13 = 15z$
14a:	5, $5-18 = 14z$		p:	$14-28 = 15z$
p:	$19-32 = 14z$ †		31a:	$29-43 = 15z$
15a:	$33-46 = 14z$ †		p:	$44-58 = 15z$ †
p:	$47-61 = 15z$ ⎧ um c. 5 zugleich mit		32a:	$59-72 = 14z$
16a:	$62-76 = 15z$ ⎨ einer Seite enden zu lassen.		p:	$73-86 = 14z$
p:	6, $1-14 = i+14 = 15z$ (wie die pars ant.)		33a:	$87-2, 7 = 4+i +7 =$ circa $13z$	Die Annahme, dass hier (vgl. unten) 2 Blätter zufällig nur mit 13 Linien versehen waren, ist die einfachste Lösung der vorliegenden Schwierigkeit.
17a:	$15-28 = 14z$			
p:	$29-42 = 14z$ †		p:	2, $8-20 = 13z$ †
18a:	$43-56 = 14z$		34a:	$21-3, 10 = 2 +i+10 = 13z$
p:	$57-71 = 15z$ † ⎧ um c. 6 zugleich mit einer Seite			
19a:	$72-86 = 15z$ ⎨ enden zu lassen.		p:	3, $11-19 = 13z$

35a: 20–33 = 14 z †
p: 34–47 = 14 z
36a: 48–61 = 14 z
p: 62–75 = 14 z 0
37a: 76–4, 9 = 5   ⎧ Die Zahl 15
        +i+9 = 15 z   ⎨ ist auffällig; vielleicht
                      ⎩ fehlten 3, 75
p: 4, 10–24 = 15 z und 4, 38 schon in t.
38a: 25–38 = 14 z † 0
p: 39–52 = 14 z
39a: 53–5, 4 = 8+i+4 = circa 14 z
p: 5, 5–18 = 14 z
40a: 19–32 = 14 z
p: 33–44 = 6+i+6 = circa 14 z
41a: 45–58 = 14 z
p: 59–72 = 14 z
42a: 73–86 = 14 z
p: 87–100 = 14 z
43a: 101–114 = 14 z
p: 115–6, 5 = 8+i+5 = 14 z
44a: 6, 6–19 = 14 z
p: 20–33 = 14 z
45a: 34–47 = 14 z
p: 48–III 1, 5 = 7+J+5 = 14 z
46a: III 1, 6–19 = 14 z
p: 20–2, 4 = 9+i+4 = 14 z
47a: 2, 5–17 = 13 z   ⎧ um c. 2 zugleich mit einer Seite enden zu lassen.
p: 18–30 = 13 z   ⎭
48a: 3, 1–13 = i+13 = 14 z
p: 14–27 = 14 z
49a: 28–4, 2 = 11+i+2 = 14 z
p: 4, 3–16 = 14 z
50a: 17–30 = 14 z
p: 31–44 = 14 z
51a: 45–58 = 14 z
p: 59–72 = 14 z
52a: 73–86 = 14 z
p: 87–5, 3–10+i+3 = 14 z

53a: 5, 4–17 = 14 z
p: 18–31 = 14 z
54a: 32–6, 10 = 3+i+10 = 14z
p: 6, 11–24 = 14 z
55a: 25–37 = 8+i+5 = 14 z
p: 38–51 = 14 z
56a: 52–64 = 13 z (um IV 1 mit einer Seite beginnen zu lassen).
p: IV 1, 1–13 = 14 z
57a: 14–27 = 14 z
p: 28–41 = 14 z
58a: 42–55 = 14 z
p: 56–69 = 14 z
59a: 70–83 = 14 z
p: 84–97 = 14 z
60a: 98–111 = 14 z
p: 112. 112a–124 = 14 z
61a: 125–138 = 14 z
p: 139–152 = 14 z
62a: 153–166 = 14 z
p: 167–180 = 14 z
63a: 181–194 = 14 z
p: 195–208 = 14 z
64a: 209–2, 9 = 3+i+9 = 13z
p: 2, 10–22 = 13 z
65a: 23–3, 10 = 2+i+10 = 13z
p: 3, 11–24 = 14 z (um c. 3 zugleich mit einer Seite enden zu lassen).
66a: 4, 1–13 = 13 z
p: 14–26 = 13 z
67a: 5, 1–13 = 13 z
p: 14–6, 5 = 7+i+5 = 13 z
68a: 6, 6–18 = 13 z
p: 19–7, 10 = 2+i+10 = 13 z
69a: 8, 1–9, 4 = 8+i+4 = 13 z
p: 10, 1–11, 6 = 6+i+6 = 13 z
70a: 12, 1–13, 6 = 6+i+6 = 13 z
p: 13, 7–20 = 14 z
71a: 21–14, 4 + epigr.
        Dom. Marsi = 4   ⎫ um auf pg. 71a zu schließen.
        +i+4+i+4 = 14 z ⎭

Die Zählung ist mit einer pars antica begonnen, weil dadurch I 5,33 und 47 auf die ersten Zeilen der Seiten des fol. 15 kommen; auf fol. 1a mag der Titel gestanden haben. Wenn die letzten 30 Blätter ein gleichmäfsigeres Bild zeigen als die ersten 40, so ist dies vielleicht nur eine Folge davon, dass wir diesen Teil blofs der Vollständigkeit halber entworfen haben, ohne dabei in den kritischen Apparat einen Blick zu thun.

Unter Hinweis auf pg. 52 Anm. 1) nehmen wir an, dass der libr. arch. wenigstens die durchschnittliche Zeilenzahl von t übernahm. Für fehlende oder von ihm ausgelassene Verse liefs er kein Intervall. Da er eine Zeile bei I 2,25; zwei bei I 10,25; je eine bei II 3,14a. 75 III 4,65 ausliefs, war er am Schlusse von III gegen t sechs Zeilen voraus. In t schloss III auf pg. 56a und auch der libr. arch. wollte den daktylischen panegyricus auf neuer Seite beginnen. Um die Seite zu füllen, griff er nach dem Ende des corpus, wo er kleine Gedichte wusste. Da das letzte IV 14 nur 4 Zeilen hatte, bot sich ihm auf der ihm zugewendeten pg. 70a des vorletzten Blattes das sechszeilige IV 12 dar.[1]) Dies schloss er zunächst hier an.[2]) Indem er statt *sim* und *iam sit* und *tam* setzte, bezog er es auf V. 37 (curae), 40 (sola relicta), 51—55 (fallacis puellae, vellem tecum longas requiescere noctes, perfida), 60 sq. (ignotum cupiens vana puella torum, repetam tota suspiria nocte) des Gedichtes III 6, 33—64 als Antwort des Mädchens. Die Unselbständigkeit an der einen Stelle zog wohl die an der anderen nach sich.[3])

Nachdem in dieser Erklärung der auffälligen Thatsache der Überlieferung sich unsere Gesamtauffassung bewährt hat, stehen wir nicht an, statt der Möglichkeit die Wahrscheinlichkeit unserer Erklärung der Verderbnisse für die bisher behandelten und eine Reihe weiterer, ebenfalls auf die Commissur zweier Seiten treffender Stellen zu behaupten.

---

[1]) Die ebenfalls sechszeiligen Gedichte IV 10. 11 standen auf der Rückseite und konnten auch wegen der Namen in 10,4; 11,1 nicht verwendet werden.

[2]) ‚sine ulla novi carminis significatione': Hiller pg. XVII.

[3]) Vgl. pg. 51.

I 4,59 war in t¹) am Anfang beschädigt; libr. arch. ergänzte *iam tu* nach V. 58. — Dasselbe war mit IV 5,1 der Fall; libr. arch. ergänzte: est, qui te, Cerinthe, dies dedit. hic etc.

II 4,10 war in der Mitte beschädigt: libr. arch. erkannte von dem Worte hinter *quam* nur noch *u*, schrieb in augenblicklicher Verlegenheit um eine Ergänzung in der Zeile jedenfalls nur dies ab und liefs eine Lücke. O copirte den arch.; A verband *quam tunderet*; V conjicirte *ritrei*. Richtige Conjectur ist *rasti*.²) — Ebenso las libr. arch. III 5,3 nur noch *xima*, verfiel zunächst auf *maxima* und setzte dies ein. — IV 1,55 war das von F uns erhaltene Wort (lotos) hinter *raluit* in t nicht zu lesen. Der libr. arch. conjicirte cyclops und schrieb: non valuit ciclops ceptos avertere cursus. O las im drittletzten Worte *tep* und machte daraus *tepus*. A schrieb, da avertere nun metrisch unmöglich war, eine kleine Lücke lassend, nur *vertere* ab; V. interpolirte *convertere*.

III 6,52. Von dem letzten Wort des Verses las libr. arch. nur noch *pr* oder *pr. c* und setzte das ihm zuerst einfallende so anfangende Wort *precor* ein statt *procul*.³) — Am Ende von II 5,4 ist das überlieferte *meas* sicher eine Ergänzung des libr. arch. Keine der neueren Conjecturen, von der handschriftlichen *tuas* zu schweigen, ist überzeugend. Lachmanns *mea*⁴) das Haupt aufnahm, giebt nach Vahlen⁵) kein anschauliches Bild; auch gegen Vahlens *novas* erhebt Leo (pg. 4 sqq.) einen nicht unbegründeten Einwand und sagt: ‚Vieles lässt sich denken. — Ich weiss nicht besseres als *sacras*‘; Magnus

---

¹) Auch auf der Vorderseite des Blattes, auf dem der Vers stand, war die unterste Zeile (I 4,44) beschädigt.
²) Vgl. I 7.19 (maris vastum aequor); Lygd. 4.85 (vasti aequora ponti).
³) Auch hier (vgl. pg. 45 Anm. 2) zeigen sich die Freisinger Excerpte von dem interpolirten Archetypus abhängig.
⁴) Die Uebereinstimmung mit dem handschriftlichen *meas* kann für *mea* nunmehr wenigstens nicht mehr mit demselben Gewicht wie früher angeführt werden.
⁵) Monatsberichte der Berliner Akademie, 1878.

(pg. 169) hat wieder versucht, *mea* zu verteidigen, welches auch E. Maafs[1]) am wahrscheinlichsten ist. Aber *mea* — und ebenso Wissers *tua* (vgl. Hiller pg. XV) — wäre doch wie *sacras* nicht viel mehr als ein Versflickwort. Die Erfolglosigkeit der Heilungsversuche weist darauf, dass das Übel noch an einer anderen Stelle seinen Sitz hat. Um diesen zu finden, braucht man nur bei Dissen zu lesen: ‚verba flectere s. fingere et apta reddere.' Was ‚flectere verbum' im Lateinischen heifst, zeigen Varro d. l. L. X 29[2]) und Gellius IV 3,3;[3]) andererseits vergleiche man ‚flexo sono' (Cic. de or. III 57), ‚ducere multimodis voces et flectere cantus' (Lucr. de r. n. V. 1404), ‚haec quia dulce canit flectitque facillima vocem' (Ovid. am. II 4,25) und vor allem die von Magnus (pg. 343) verglichene Stelle Ovid. trist. V 1,23: numeros ad publica carmina flexi. Da Tibull ‚flectere verba' nicht verbunden haben kann und der libr. arch. selbst auf *flectere* schwerlich gekommen wäre, ist anzunehmen, dass der libr. arch. mit *verba meas* eine Lücke ausgefüllt hat. Tibull erbittet im προοίμιον dieses durch ‚novus ingreditur tua templa sacerdos' veranlassten[4]) Gedichtes von Phoebus die Gunst:[5]) komme zu mir (huc) mit Leyer und Liedern. Die zwiefache Bitte wird im folgenden distichon erläutert. Das Phoebus (*te* ist durch die Stellung hervorgehoben) die Melodie der cithara angebe, wird im Hexameter erbeten; der Pentameter muss aussagen, dass *er* dem Dichter, der sonst nur ‚nugas' singt, jetzt die Verse zu einem Hymnus (laudes) lenke. Darnach könnte der Vers gelautet haben:

nunc precor ad laudes flectere te numeros,

ebenfalls mit Hervorhebung des *te*. Die Bedeutung der folgenden Bitte (V. 5—10), im besonderen die von *ipse*, zeigt

---

[1]) Hermes XVIII (1883) pg. 321 sqq.

[2]) Quidam casus quod ex hoc genere sunt, non facile est dicere similis esse, nisi assumpseris alterum, quo flectitur in transeundo vox.

[3]) ‚Pelex' autem quasi πάλλαξ, id est quasi παλλακίς. Ut pleraque alia, ita hoc quoque vocabulum de Graeco flexum est.

[4]) Vgl. Bährens, Tib. Blätter. pg. 24 sqq.

[5]) Vgl. Prop. V. 6, 11 sq. (musa, Palatini referemus Apollinis aedem: res est, Calliope, digna favore tuo).

am besten ein Vergleich mit II 2,5 sqq.¹). Dem Dichter soll Phoebus ‚cithara carminaque' bringen; an den, ‚tua sacra' soll er persönlich Teil nehmen im erlesensten Festgewande,²) aber nicht spielend und singend,³) sondern um das ihm gewidmete Opfer und die damit verbundene Bitte ‚sacras Messalinum sine tangere sortes vatis' anzunehmen, und den ‚novus sacerdos' persönlich einzuweihen (ipse, precor, quid canat illa doce: V. 15).

II 3,61 war in t entschieden beschädigt;⁴) der libr. arch. machte aus dem was er fand:

at tibi dura seges Nemesim qui abducis ab urbe.

Nemesis und die von A. erhaltene Abkürzung, welche V in *abducit* auflöst, können erst in O eingetreten sein; sonst wäre es unerklärlich, dass Lachmanns und alle von älteren Herausgebern angeführten Handschriften in *Nemesim* gegen AV und dass dieselben, mit Ausnahme einer einzigen, welche eine offenbare Conjectur⁵) bietet, in *abducis* oder *ducis* gegen AV und Lachmanns B übereinstimmen. Nun sagt Rigler⁶) mit Recht: ‚vulgata scriptura *terra*⁷) cum verbis *dura seges* con-

---

¹) ipse suos genius adsit visurus honores, cui decorent sanctas mollia serta comas. illius puro destillent tempora nardo, atque satur libo sit madeatque mero, adnuat et, Cornute, tibi, quodcumque rogabis.

²) Das hat er noch nicht wieder angelegt (sepositam) seit der Siegesfeier *Saturno fugato*, der die gegenwärtige Feier so gleichgestellt wird.

³) Dagegen spricht schon die Form der Vergleichung. ‚Veni *talis qualis* concinuisti' ist nicht, ‚concine *sicut* concinuisti', sondern ist kurzer Ausdruck für ‚veni talis qualis fuisti cum concinuisti.' Der Dichter sagt nicht einfach ‚qualis Saturno fugato venisti', weil ihm von V. 5 (triumphali devinctus tempora lauro, dum cumulant aras) an das Tempelbild des Apollo Palatinus vorschwebt (vgl. Leo pg. 6).

⁴) Die auf der Rückseite des Blattes entsprechende unterste Zeile enthielt den V. 75, der ganz verloren gegangen ist, weil der libr. arch. nichts mehr davon zu lesen oder von den vielleicht vorhandenen Resten keinen Vers herzustellen vermochte.

⁵) *adducit* (Broukhusius pg. 423).

⁶) annot. ad Tib. II, 1842, pg. XXXVIII.

⁷) im Pentameter: persolvat nulla semina terra fide. — Zum Ausdruck vgl.: Tib. I 7, 31 (commisit semina terrae); II 6, 21 sq. (spes sulcis credit semina, quae magno fenore reddat ager); II 1, 19 (neu seges eludat messem fallacibus herbis); Verg. georg. I 225 sq. (illos exspectata seges

ciliari nequit'. Hiller und Vahlen nehmen im Pentameter daher die Conjectur *certa* für *terra* auf. Allein auch so kann Tibull nicht geschrieben haben. Zunächst: was soll *certa* neben *nulla fide* eigentlich heifsen? Die Construirung eines Gegensatzes zwischen zuverlässigen Saatkörnern und treulosem Saatfeld hat doch wenigstens hier gar keinen Sinn. Auch *dura*, zu dem *tibi* nicht gehören kann,[1]) ist als Epitheton von *seges* kaum zu erklären. Ferner, wenn man selbst im folgenden V. 63 ‚et tu, Bacche tener, iucundae consitor uvae' die Art der Anknüpfung und die neue Anrede erträglich findet, so bleibt in V. 64 ‚tu quoque devotos, Bacche, relinque lacus' das *quoque*, da ein *relinquere* von *seges* in keiner Weise vorstellbar ist, ohne die unentbehrliche Beziehung. Tibull, der *quoque* schrieb, muss in V. 61 *Ceres* genannt haben, wie Heinsius vermutete. Dann muss mit *tibi* die Göttin angeredet sein, und eine Änderung von *terra* erübrigt sich. So nennt Tibull grade in diesem Buche noch zweimal die beiden zusammen;[2]) so stehen, wie Tibull es liebt,[3]) *durus* und *tener* sich wirklich gegenüber. *Durus* ist das bezeichnende Attribut für die Arbeit des Landmanns[4]) und, wie das synonyme *fortis*,[5]) für den Bauer selbst,[6]) daher

---

vanis elusit avenis); Hor. cc. III 1, 30 (fundus mendax); III 16, 30. (segetis certa fides meae); epi. I 7, 87 (spem mentita seges); Ovid. art. am. I. 450 (dominum sterilis saepe fefellit ager); metam. V. 479 sq. ([Ceres] arva iussit fallere depositum, vitiataque semina fecit).

[1]) Vgl. I 8, 50: in veteres esto dura, puella, senes.

[2]) II 1, 3 sq. Bacche, veni, dulcisque tuis e cornibus uva pendeat, et spicis tempora cinge. Ceres: II 5, 84. 87: distendet spicis horrea plena Ceres. at madidus Baccho sua festa Palilia pastor concinet. Vgl. paneg. 163: non illic colit arva deus, Bacchusve Ceresve.

[3]) I 1, 63 sq. non tua sunt duro praecordia ferro vincta, nequo in tenero stat tibi corde silex; I 7, 34 sq.: hic docuit teneram palis adiungere vitem, hic viridem dura caedere falce comam; vgl. I 8, 50 sq.: in veteres esto dura, puella, senes. parce precor tenero.

[4]) I 9, 8: durum terrae rusticus urget opus; vgl. I 4, 47 sq.: nec te paeniteat duros subiisse labores aut opera insuetas atteruisse manus.

[5]) II 2, 14: fortis arat valido rusticus arva bove.

[6]) *Duri agrestes* Verg. georg. I 160; Aen. VII 504; *durus messor* Ovid. metam. XIV 643; *durus vindemiator* Hor. sat. I 7, 29 (vgl. daselbst Kiessling); vgl. Ovid. metam. III 584: quae duri colerent arva iuvenci.

auch passend für die Göttin des Landbaus, die - wie Bacchus iucundae consitor uvae heifst — in den Worten ‚tibi terra nulla fide semina persolvat' als bei der Aussaat beteiligt gedacht wird. Zu anderer Auffassung des Wortes[1]) darf im Zusammenhang niemand kommen: Ceres ist an dem Schicksal, das Amor dem Dichter bereitet hat, so unschuldig wie Bacchus.[2]) Nicht sie stehen der Verwirklichung dessen im Wege, was der Dichter V. 51—58 in Aussicht genommen hat.[3]) Subject von *ducere* oder *abducere ab urbe* kann nicht Ceres, sondern nur der barbarus oder das Land selbst sein; hier, da jener nicht im distichon genannt wird, nur dieses (vgl. V. 1: rura meam tenent villaeque puellam. Aber ‚quae abducit', nemlich *terra*, kann Tibull nicht geschrieben haben, da jeder *quae* zunächst

— Die Bedeutung zeigen: Cic. de lege agr. II 35, 95 (Ligures, montani, duri atque agrestes, docuit ager ipse nihil ferendo nisi multa cultura et magno labore quaesitum); Hor. epi. I 7, 91 (durus nimis attentusque videris esse mihi); Hor. epi. I 16, 70 (sine pascat durus aretque, vgl. daselbst Kiessling); vgl. Ovid metam. I 414 (inde genus durum sumus experiensque laborum).

[1]) Dissen (pg. 253) citirt als Worte des Vulpius: ‚Epitheton *dura* quamquam hoc loco significat *crudelis*, perpetuum esse potest. Ceres enim semper occupata in opere rustico dura den est et laboriosa. Opponit autem poeta durae Cereri Bacchum tenerum'.

[2]) Worauf die nicht gegen sie, vielmehr gegen *terra* und *lucus*, gegen Ackerbau und Weinbau gerichtete Verwünschung und die Aufforderung an sie, nicht mehr Samen zu streuen noch Reben zu pflanzen, hinzielt, zeigt der Dichter selbst V. 67 sq: o valeant fruges, ne sint modo rure puellae: glans alat et prisco more bibantur aquae etc. Darnach sind die durch den Plural *formosae* ebenfalls schon allgemein gewendeten Worte ‚haud impune licet formosas tristibus agris abdere' zu verstehen. *Haud impune* nimmt nur den Begriff *devotos* auf; in welchem Grade bei der Erklärung, der Nemesis entführende barbarus solle dafür durch völlige Missernte gestraft und geschädigt werden, der Gedanke Tibulls verkehrt und damit der Zusammenhang mit dem vorhergehenden Abschnitt des Gedichtes verkannt wird, zeigen Riglers Worte (pg. XXXIX): ‚ut sibi poeta largam praedam obtingere, ita rivalem omnibus incommodis affici vult'.

[3]) Die Beziehung von *ab urbe* auf *utque per urbem* spricht dafür, dass zwischen V. 58 und 59 nichts fehlt; vgl. pg. 43.

auf Ceres beziehen müsste. Er dürfte geschrieben haben *quia*[1]) *ducit.*[2]) Stand dies noch, wie wir annehmen, in t, so musste der libr. arch., eben weil er *seges* einsetzte und *tibi* auf den barbarus bezog, die Person ändern, und er schrieb mit minimaler Abweichung, wohl um die Beziehung auf den Mann zu sichern: qui aducis (abducis).

Aus äufserer, einzelne Buchstaben oder Abkürzungen vernichtender oder unleserlich machender Beschädigung oberster oder unterster Zeilen von t erklären sich auch folgende Lesarten des archetypus:

I 4, 15 *sed*; wir möchten an dem 1878 in den Monatsberichten der Berliner Akademie von Vahlen vorgeschlagenen, aber in den Text nicht aufgenommenen *sin* nun doch festhalten.

I 7. 42 *cuspide*. Lachmanns y d e müssen das richtige *compede* aus (naheliegender) Conjectur haben; sonst wäre kaum zu erklären, dass aufser den von O stammenden Handschriften auch c und zahlreiche andere (vgl. Broukhusius pg. 417) das verkehrte bieten.

I 8, 49 *seu*; g *neu* durch Conjectur.

II 1, 1 *valeat*; *jaceat ς*.

II 5, 18 *quos* statt *quid*.

II 6, 47 *diro* statt *duro*.

III 3, 28 *adversa* statt *aversa*.

III 4, 17 *emersa* statt *emensa*.

III 4, 87 *consanguinea*; g *canis anguinea* durch Conjectur.

III 6, 51 *qui* statt *quid*.

IV 1, 13. 14 *terris* und *pacavit* statt *tectis* und *placavit*.

IV 1, 84 *nervos*. Das sinnlose *nervos*, welches A V bieten, ist eine in O eingetretene Verschreibung für *neruos*, welches Par. und Lachmanns Handschriften aus arch. bewahrt haben, während ς daraus richtig *cervos* conjicirten.

IV 6, 5 *orandi* statt *ornandi*.

---

[1]) *quia* hat Tibull I 4. 18.

[2]) Ist so *terra* Subject des Verbums, so ist auch das überlieferte Präsens zu halten. Von dem barbarus könnte allerdings nur gesagt werden ‚duxit ab urbe', wie Rigler vorschlug.

IV 11, 6 *leto* (laeto); F *lento.*

Dagegen kommt an folgenden in t an die Commissur zweier Seiten treffenden Stellen dieser Umstand nicht in Betracht:

I 1, 29 ziehen L. Müller und Haupt-Vahlen mit Recht die handschriftliche Lesart *bidentes* der der Pariser Excerpte *bidentem* vor, da die letztere gerade aus dem von Rothstein[1]) für sie angeführten Grunde der Interpolation dringend verdächtig ist; g hat sie aus Par.

I 1, 44 (und II 6, 16) stand in t wohl, wie Rossbach[2]) schreibt, *sci licet.* Der libr. arch. verstand und schrieb *scilicet,* daher dies auch Par. bieten.[3])

I 5, 61 stand in t auf einer ersten Zeile; doch bleiben wir bei der pg. 48 sq. gegebenen Erklärung der Überlieferung.

I 5, 76 ist *nam*[4]), welches der arch. sicher schrieb, der Conjectur *nat* in y g vorzuziehen, da neben *nat* ‚in liquida aqua' die Bedeutung verliert. Mit ‚linter nat' wäre allerdings die von Dissen angezogene Stelle aus Horaz epi. I 18, 87 (dum tua navis in altost) sowie die daselbst von Kiessling citirte aus Ovid art. am. II 9 (mediis tua pinus in undis navigat) zu vergleichen; zur Erklärung von ‚in *liquida* unda linter est' dient Hor. ce. I 5, 6 sq. (aspera nigris aequora ventis emirabitur insolens'; vgl. die Note Kiesslings: ‚weil die Meeresfläche, wenn der sich erhebende Sturm über sie hinstreicht, sich furcht und schwarz erscheint.'

III 4, 3. Vahlen hat erwiesen[5]), dass die Lesart des arch. *rani* richtig ist. Die Annahme, dass der libr. arch. im folgenden

---

[1]) pg. 33: ‚Poetica oratio eo pulchrior est, quo magis certam aliquam imaginem animo proponere possumus; quod si hoc quoque loco facimus, pluralis non aptus est, quia sine dubio unum tantum bidentem Tibullus eodem tempore tenuit.'
[2]) Tib. recogn. A. Rossbach, Leipzig 1862.
[3]) Auf weitere orthographische Eigentümlichkeiten weist I 1, 37 (*ec paupere* im arch.: daraus in der zweiten Klasse *et p.*; dafür in der dritten *de p.* [vgl. Hiller pg. IX]); I 6, 40 (*effluit* aus *ecfluit* im arch. statt *er fluit*); III 6, 23 (*qualis* in t als acc. plur., vgl. pg. 14); paneg. 185 (*mesis* in t, vgl. unten zu der Stelle; *messis* F).
[4]) An zweiter Stelle wie II 4, 12 (vgl. Philologus 1888 pg. 378).
[5]) Berliner index lectionum, Winter 1886/87, pg. 12.

Verse die Wiederkehr des falsch verstandenen Wortes durch die Conjectur *votis* vermeiden wollte, würde seinem Verfahren an ähnlichen Stellen entsprechen.

III 5, 17. 18 kann auch von Interpolation durch den Dichter selbst, wie sie Hiller[1]) annimmt, keine Rede sein. Er meint, Lygdamus habe das Gedicht jung verfasst und in viel späterer Zeit, nach Bekanntwerden von Ovid. trist. IV, bei Anfertigung einer neuen Abschrift V. 15—20 nachträglich hinzugesetzt, indem er zunächst, wirklich in demselben Jahre wie Ovid geboren, dies anbringen wollte, die Hinzufügung eines einzigen Distichons aber nicht genügt hätte: man solle sich nur V. 15 sq. und 19 sq. wegdenken.[2]) Es ist richtig, dass V. 17. 18 zwischen V. 14 und 21 nicht allein eintreten konnten. Aber wie kam der alte Lygdamus dann dazu, die Verse, mit denen er sein Geburtsjahr ‚anzubringen' beabsichtigte, an einer Stelle des Gedichts einschieben zu wollen, wo sie gar keinen Zusammenhang fanden, statt etwa nach V. 22, wo sie sich an V. 23—26 allenfalls anlehnen konnten? Man könnte dieser Schwierigkeit nur entgehen, indem man weiter annähme, Lygdamus habe nicht nur sein Geburtsjahr anbringen, sondern auch seine Kenntnis von Ovid. amor. II 14 und art. am. II 670 zeigen wollen. Dadurch würde eine Thatsache, die jeder Interpolationshypothese auf das entschiedenste widerspricht, nur noch unerklärlicher: die Thatsache, dass das Gedicht so wie es uns vorliegt eine tadellose Composition zeigt.

Der Eingang (V. 1—6) giebt die Situation der angeredeten Freunde an, um die des Dichters sich davon abheben zu lassen; er schliefst mit der Bitte: immerito iuveni parce nocere. Darin sind zwei Gründe der Bitte angedeutet, die nach einander V. 7—14: immerito; V. 15—20: iuveni) ausgeführt werden und zu der Bitte um Schonung für jetzt zurückführen. Diese wird

---

[1]) Hermes XVIII pg. 343 sqq.
[2]) Wir fragen nicht erst, ob V. 21 sich jemals an V. 14 angeschlossen haben kann, da man vielfach glaubt, einem Lygdamus — der das Unglück gehabt hat, mit einem Tibull vereinigt und seit Vossens Entdeckung verglichen zu werden — so ziemlich alles ‚zutrauen zu dürfen.'

in ersichtlicher Beziehung auf den vorhergehenden Teil[1]) in V. 21—26 ausgeführt, während der letzte Teil, in umgekehrter Reihenfolge wie der Eingang von der eignen Situation zu den Freunden übergehend, diesem gegenübersteht. — Angesichts dieser Thatsache scheinen die Umstände, die Hiller zu seiner Hypothese führten, so vielfach sie auch schon erörtert sind[2]), doch nochmaliger Beleuchtung zu bedürfen.

Die dreifache Übereinstimmung mit ovidischen Versen liegt am Tage. Indes ist zunächst die Übereinstimmung zwischen V. 16 des Lygdamus und Ovid. art. am. II 670 auszuscheiden; die Adjectiva differiren: dort *tacito*, hier *tardo*; der Rest *venit curra soneta* ist zu sehr Gemeinplatz, um als Beweis der Abhängigkeit dienen zu können, wie ihn auch Hiller in seiner Argumentation nicht weiter heranzieht. Sodann ist die Fragestellung: hat Ovid den Lygdamus nachgeahmt oder Lygdamus den Ovid? falsch; eine offenkundige, bewusste Benutzung fremder Worte kann noch etwas ganz anderes als ein Abschreiben sein. Ferner ist der Satz, dass ‚das Original in der passenden, die Nachahmung in der unpassenden Anwendung zu erkennen ist', von zweifelhafter Zuverlässigkeit, da ‚passend' und ‚unpassend' relative Begriffe sind; und er ist es besonders in diesem Falle, wo ein geborener und ein studirter Dichter in Frage kommen: es ist nicht ausgeschlossen, dass ein genialer Dichter aus den Worten eines älteren mehr macht als dieser selbst. Hillers Worte: ‚schon die ganze mit ‚et nondum' angeknüpfte Motivirung ist nach den Worten ‚immerito *iuveni*' wenig angemessen' widerlegen sich selbst; in derselben Weise könnte man sagen, dass ‚schon' die ganze Motivirung V. 7—14

---

[1]) Vgl. V. 25 mit 15. 16; V. 26 mit 17 (hier sind die Eltern des Dichters als noch lebend vorgestellt, dort steht er als Zeuge vergangener Zeit unter einem neuen Geschlecht); V. 26 mit 18 (*referam tempora prisca* gewinnt dadurch Inhalt, dass die Erinnerungen des Greises bis an jene stürmische Zeit hinaureichen).

[2]) Spohn. de Tibulli vita et carminibus, Leipzig 1819; Gruppe, die römische Elegie, I Leipzig 1838; Stumpe, de Lygdami elegiis, Halle 1867; Bolle, de Lygdami carminibus, Detmold 1872; Kleemann, de libri III carminibus, Strasburg 1876; Boehlau, de Lygdami carminibus, Neustettin 1876; Bährens, Tib. Blätter, pg. 39.

nach ‚*immerito* iuveni' wenig angemessen sei. Die genaue Angabe des Geburtsjahres ist in der Selbstbiographie trist. IV 10 gewiss passend und notwendig; aber dass sie ‚bei Lygdamus, der an seine Freunde schreibt und die Persephone um Schonung anfleht, überaus müfsig sei', wird nur dem einleuchten, der sich durch Hillers eigentümlichen Relativsatz über Inhalt und Composition des Gedichtes täuschen lässt. Lygdamus will den Gedanken ‚ich bin noch so jung und soll schon (vor den Eltern) sterben' specialisiren, wie er in V. 28 (languent ter quinos sed mea membra dies) den Gedanken ‚ich liege schon so lange krank' specialisirt[1]). Wenn Hiller sagt: ‚die pointirte Bezeichnungsweise des Jahres macht in dem weinerlichen Gedicht des Lygdamus — wenigstens nach meinem Gefühl — einen fast komischen Eindruck', so heben wir die doppelte Einschränkung der Aussage durch Hiller selbst hervor und fragen: welchen Ausdruck für ‚ich bin erst so und so viel Jahre alt'[2]) hätte der Dichter denn wählen sollen, um weniger komisch zu erscheinen, zumal wenn etwa die Zahl seiner Jahre nicht in das Versmafs passte? Auch dass die Art, wie die Geburtszeit bestimmt wird, bei Lygdamus undeutlich sei, ist nicht richtig; ‚deus est Natalis' sagt Lachmann kurz und bündig, und jeder Lateiner musste ‚primo videre[3]) natalem' auf das Jahr der Geburt beziehen. — ‚Der Ausdruck *vitem fraudare* steht bei Lygdamus ohne irgend welche klare Beziehung. Der Vergleich des *iuvenis* mit einem ‚pomum modo natum' ist mindestens recht unpassend'. Hier liegt offenbar eine Verwechselung von Vergleich und Allegorie vor. Tibull vergleicht sich überhaupt nicht; er sagt auch nicht, wie Ovid, ‚quid fraudas', sondern ‚quid iuvat fraudare', um auszudrücken: dass ich jetzt ‚immaturus'[4]) sterben soll, hat ebensowenig Zweck als ‚vitem crescentibus uvis fraudare et poma modo nata mala manu vellere'.

---

[1]) Vgl. Stumpe pg. 12.
[2]) Das sagt er in dem gewählten Ausdruck freilich uns nicht, wohl aber denen, für die das Gedicht bestimmt war; denn diese wussten, wann es geschrieben war.
[3]) Nicht *egere* oder *celebravere*.
[4]) Vgl. Hor. sat. II 8, 59 und daselbst Kiefsling.

Grade der letzte Ausdruck, an dem man Anstofs genommen hat, ist zweckentsprechend gewählt: *modo nata* besagt noch viel mehr als *immatura*¹); und je sinnloser das im Vergleiche angegebene Verfahren ist, desto weniger angebracht erscheint das Verglichene. ‚Endlich', schliefst Hiller, ‚müsste bei wörtlicher Nachahmung²) dieser einen aus drei Distichen³) bestehenden Stelle des Lygdamus durch Ovid das Fehlen sonstiger vollständig entlehnter⁴) Verse und die auf alle Fälle verschwindend geringe Zahl kleinerer wörtlicher Übereinstimmungen höchst auffallend erscheinen'. Wir brauchen auf die Entlehnungsfrage, deren Entscheidung von der Auffassung dieser Stelle mit abhängig ist, nicht erst einzugehen. Denn erstens folgt daraus, dass jemand gelegentlich in bestimmter Absicht etwas entlehnt oder auf etwas fremdes anspielt, noch nicht, dass er — in diesem Falle ein Ovid — es regelmäfsig gethan haben müsste. Zweitens liegt doch nichts näher als anzunehmen, dass Ovid dieses an Freunde gerichtete Gelegenheitsgedicht⁵) nicht in dem Complex unseres dritten Buches kennen gelernt, sondern unmittelbar nach der Abfassung für sich zugeschickt bekommen hat.

Sind die Gründe gegen die Originalität von V. 18—20, die Hiller zusammengefasst hat, hinfällig, so wird man auf seine künstliche Hypothese um so lieber verzichten, als ohne sie sich mancherlei erklärt, was mit ihr mindestens weniger leicht sich erklären würde. Die Änderungen, welche Ovid. am. II 14, 23. 24 mit Lygd. 3. 19. 20 vorgenommen hat, ergaben sich aus Inhalt und Zusammenhang seines Gedichts mit Notwendigkeit. Er konnte nicht vergleichend fragen ‚quid iuvat fraudare et vellere?', da das mit *fraudare* und *vellere* Verglichene Thatsache war; *plenam*, das er hinzusetzt, weist auf *tumido ventre* (V. 15), wie *crudeli* auf V. 3 (suis patiuntur vulnera telis); *modo nata* war für ihn untauglich, da es auf falsche

---

¹) Dies passte dazu schlechter in den Vers.
²) Vgl. pg. 65.
³) In Wirklichkeit kommen drei Verse (18—20) in Betracht.
⁴) Das ist nur einer (18).
⁵) Vgl. besonders V. 28.

Vorstellung von der That der puella führen konnte (vgl. V. 28: nondum natis dira venena datis). Umgekehrt hätte Lygdamus das ganze Distichon, als Anrede an Persephone, unverändert übernehmen können oder hätte, wenn er die Aussage mit ‚quid iuvat' einzuleiten vorzog, im Pentameter nur *vellis* in *vellere* zu ändern brauchen[1]; dass er das angeblich ‚mindestens recht unpassende' *modo nata* eingesetzt haben sollte, wäre grade bei Hillers Ansicht unverständlich. Der Gedanke der Persiflage kam dem losen ‚tenerorum lusor amorum' wohl, als er V. 5 schrieb: ‚teneros convellere fetus' und ihm dabei ‚modo nata mala vellere poma manu' einfiel. Die Freunde, denen das Gedicht des Lygdamus ebenfalls zugeschickt war — und dieser selbst, inzwischen genesen, — werden das Lachen nicht gehalten haben, als sie die trübsinnigen Worte in dieser Gesellschaft sahen. Zur Entschädigung hat Ovid dem Freunde trist. IV 10, 6 ein Compliment, wie es der Sitte der Zeit entsprach, gemacht, indem er seinen Pentameter aufnahm. So erklärt sich auch im vorhergehenden Verse[2] der auffällige Ausdruck *nec non*, den man bei Ovid aus Versnot nicht wird erklären wollen; denn das heifst: und ebenfalls.

Wir kehren zu der pg. 64 verlassenen Reihe von Stellen zurück:

IV 1, 1 ist *mea* allerdings Interpolation des libr. arch. statt des von g durch Conjectur wiedergefundenen *tua*, ist aber nicht durch Beschädigung von t veranlasst, sondern steht in Verbindung mit der im arch. eingetretenen Interpolation von V. 2, über welche Magnus pg. 315 abschliefsend gehandelt hat[3].

IV 2, 23 darf der handschriftliche Text nur insoweit verändert werden, als statt des zweiten *hoc* nach der Autorität von F *haec* zu lesen ist; also:

hoc solemne sacrum multos haec sumet in annos.

---

[1] Die dann eintretende Elision brauchte ihn daran nicht zu hindern, vgl. Lygd. l, 14: mittere oportet opus; 4, 84 (pectore inesse tuo).

[2] Editus hic ego sum, nec non, ut tempora noris, cum cecidit fato consul uterque pari.

[3] Lachmann bemerkt zu der unzweifelhaft richtigen Lesart von F *nequeant: ut* concedentis est.

Haec bezeichnet wie *hanc* in V. 21 die Sulpicia. Der Eingang des Gedichts zeigt sie uns am Neujahrstage im festlichen Schmucke zu Ehren des Mars. Wenn er, durch die stehende Formel ‚ipse veni' zum Opfer geladen, erscheint um sie zu schauen, mag er auf der Hut sein: denn sie ist von göttlicher Schönheit (V. 8), sie darf *veneranda*[1]) genannt und Vertumnus mit ihr verglichen werden[2]). Daher ist sie der kostbarsten Schätze wert (V. 15—20). V. 21 sq.:

> hanc vos Pierides festis cantate kalendis
> et testudinea Phoebe superbe lyra.

Diese Aufforderung kann am Schlusse des Gedichts nur ein Hinweis auf andere, folgende Gedichte sein: und da sie durch ‚festis kalendis' zeitlich fixirt wird, kann es sich nur um ein poetisches, durch IV 2 eingeleitetes[3]) Neujahrsgeschenk des Dichters[4]) an Sulpicia handeln. Und wie wird sie, der Purpur und Perlen zukommen, die Opfergabe aufnehmen, die der Göttergleichen vom Dichter geweiht wird? Diese Weihegabe[5] wird sie sich als ständige Gabe zum ersten März wählen[6]) und wünschen, ‚multos in[7]) annos': denn sie, die schönste, des Schmuckes würdigste, ist auch mit den Musen vertraut, und sie, die docta puella (IV 6, 2), ist wie keine andre würdig in den Reihn der Göttinnen von den lacus Pierii, der doctae sorores zu treten.

---

[1]) Vgl. pg. 22, Anm. 4.
[2]) Vgl. I 5, 43.
[3]) Vgl. das erste Gedicht des Lydamus, besonders V. 1—5, 15—17.
[4]) Vgl. unten.
[5]) *Hoc* im Gegensatz zu V. 15—20; *sacrum* kann so gebraucht sein, weil einerseits die dem Mars dargebrachten *sacra* vorschweben, andrerseits Sulpicia vorher und nachher mit Göttern verglichen wird.
[6]) *Sumo* heifst auch hier ‚ich nehme mir' αἱροῦμαι; auch an den noch von K. P. Schulze in der 3. Auflage der ‚Römischen Elegiker' angeführten Stellen aus Terenz ad. heifst *sumere* nicht feiern, so wenig wie *sacrum* den Festtag bedeuten kann.
[7]) So kommt die Präposition *in* zu ihrem Rechte. — In ‚multos in annos' liegt zugleich der übliche Wunsch langen Lebens (Lygd. 1, 21: sed primum meritam longa donate salute).

IV 6, 19 ist der Wortlaut des archetypus:

si iuveni grata veniet cum proximus annus

sicher falsch. Da aus F nur die Variante *sis* statt *si* angeführt wird, müssen wir annehmen, dass das Fragment im übrigen mit der gewöhnlichen Lesart übereinstimmte. Dieser Umstand mahnt zur Vorsicht bei der nötigen Änderung und macht Gruppes gefällige Vermutung *Juno* für *iuveni* doch unwahrscheinlich. Sucht man den Sitz der Corruptel in dem verschieden überlieferten ersten Wort und schreibt ‚sit iuveni grata'[1]), so zeigt sich bei vorurteilsfreier Betrachtung, wie unentbehrlich eine Verbindung mit der folgenden Aussage — sei es durch *ut* oder durch *et* — ist. Eine solche Verbindung lässt sich auch herstellen, wenn man nach Lachmanns Vorschlage *gratae* schreibt[2]). Wir ziehen, auch um eine an dieser Versstelle besonders unschöne Verschleifung zu vermeiden, von den beiden Möglichkeiten die letzte vor. War vor F und arch. *gratae* zu *grata* geworden, so sind *sis* und *si* Versuche der corrumpirten Lesart einen Sinn abzugewinnen (letzterer mit Ergänzung von *est*). Hätte an erster Stelle *sit* gestanden, so wäre wohl nicht in beiden Quellen geändert worden; auch lässt sich *si* aus *sis* kaum erklären. Daher dürfte ein ursprüngliches *sic* so geändert sein. Schreiben wir demnach:

sic iuveni gratae[3]), veniet cum proximus annus,
hic, idem votis, iam vetus adsit amor,

so scheint *sic* die gewünschte Beziehung auf die angerufene Gottheit zu enthalten. Denn, zu *gratae* gehörig, weist es über

---

[1]) So K. P. Schulze.
[2]) Soviel ist sicher, dass an der Commissur der Worte *grata* und *veniet* ein Fehler der Überlieferung steckt; daher ist es unstatthaft, den überlieferten Vers als Beleg für die Verlängerung kurzer Endsilben in arsi zu verwerten.
[3]) Daran ist nichts auszusetzen. Die Befürchtung, es könne im Zusammenhang dieser Gedichte (vgl. IV 3, 1; 4, 11; 5, 17; 6, 8) jemand *iuvenis* als fem. auffassen, wäre ungeheuerlich (Dissen hat Lachmann nicht verstanden). Zu *gratus* vgl. Hor. cc. III 9, 1 (donec gratus eram tibi); epi. II 1, 232 (gratus Alexandro regi magno fuit ille).

‚nec, liceat quamvis, sana fuisse velit' (= ‚nec a te petit, ut hoc amore vacet') und ‚illa aliud tacita mente rogat' sowie ‚adnue' (V. 13) zurück auf V. 7 sqq.: ‚at tu, sancta, fave, neu quis divellat amantes, sed iuveni quaeso mutua vincla para. sic bene compones', wie im Pentameter das zu *idem*, nicht zu *adsit*, gehörige *votis* an V. 15 sq. (praecipit et natae mater studiosa quod optet: illa aliud rogat' anknüpft. Eben die Liebe, um die sie heute betet[1]), soll übers Jahr nicht nur erfüllt sein, sondern schon lange bestanden haben (iam vetus): das heifst: die ersehnte Liebe des iuvenis möge ihr recht bald zu Teil werden[2].

Dass der libr. arch. nicht nur da, wo äufsere Beschädigung seine Vorlage t lückenhaft oder unleserlich gemacht hatte, von ihr abwich, haben wir im Laufe der Untersuchung bereits mehrfach beobachtet. Die Verse I 1, 25; 7, 49: III 4, 66; 6, 23, die nach unserer Hypothese in t mitten auf den betreffenden Seiten standen, liefsen die Veranlassung der Interpolation in der anscheinend unrichtigen Verdoppelung des Adv. *iam*, des Objects *genium*, des Adjectivs *saevus* und der Form *qualis* deutlich erkennen[3]). Dieselbe Erwägung lässt sich bei dem libr. arch. an folgenden Stellen nachweisen oder wahrscheinlich machen:

I 1, 43 bot t das richtige: parva seges satis est, satis est requiescere lecto. Der libr. arch. punctirte das eine *satis est* aus (oder liefs eine Lücke und schrieb es an den Rand). Der excerptor P ergänzte durch *uno* in dem von Hiller (Philolog. Anzeiger XIV 1884, pg. 24 sqq.) festgestellten Sinne; O copirte den arch., A liefs die Puncte, V das Auspunctirte weg; wie A verfuhr eine andere Abschrift des arch. (C); eine andere wie V, woraus ‚parva satis mensa est' in ς entstehen konnte. Vgl. Magnus pg. 319.

---

[1]) Vgl. IV 5, 17: optat idem iuvenis quod nos.
[2]) Vgl. IV 7, 1: tandem venit amor.
[3]) Vgl. pgg. 33 Anm. 1: 44 sq.; 14.

III 2, 24 hatte der arch. nach A V y d e sicher: dives et Assyria; aber sogar Lachmann nahm das von ‚e et Itali‛ gebotene pinguis auf. Da Assyrii odores (vgl. 1 3, 7) angedeutet werden sollen, kann auch Lygdamus nicht ein Adjectiv zu Assyria genommen haben, welches ohne einen Zusatz wie Verg. georg. II 139[1]) auf die Fettigkeit des Ackerbodens weist.[2]) Vermutlich gefiel dem libr. arch. das doppelte *dives* nicht: er schrieb *pinguis* dazu als möglichen Ersatz, und so kam dies Wort in einzelne Handschriften (Bronkhusius pg. 300: legitur in sex libris *pinguis et Assyria*). Vgl. Vahlen im Berliner index lectionum, Winter 1886/87 pg. 13.

Entschlossener verfuhr der libr. arch. nach unserer Meinung III 4, 4, indem er für *ranis* einsetzte *rotis*: vgl. pg. 63 sq.

III 6, 21 fand der libr. arch., was Lachmann wieder hergestellt hat: convenit iratus nimium nimiumque severos. Da ihm das doppelte ‚nimium nimiumque‛ bei dem einen Adjectiv *severos* Anstofs erregte, verband er das erste *nimium* mit *iratus* und bezog beide Verbindungen auf Liber (severus); die Änderung ‚non venit‛ erforderte alsdann der Sinn.

IV 5, 16. In t stand: nulla queat posthac hāc [catenam] soluisse dies, wie Rossberg richtig erkannt hat (Magnus pg. 303): der libr. arch. schrieb darüber *nos*; dies nahmen die Abschriften auf aufser O; ‚posthac hac‛ gab O wieder: das schrieb A zunächst ab, radirte aber *hac* wieder aus, während der geweckterem V anscheinend gleich ‚spatium vacuum‛ liefs.

IV 1, 40 bot t wohl wie F: nec tamen hic aut hic tibi laus maiorve minorve. Der libr. arch. setzte zu dem zweiten *hic* Punkte, die der excerptor P, der naturgemäfs auch keinen Ersatz wusste, als Andeutung eines Fehlers auffasste, daher er ‚hec (haec) aut hec‛ schrieb. O copirte den arch. oder liefs das zweite *hic* weg, daher es in A V fehlt; eine andere Abschrift des arch. verstand die Puncte ähnlich wie P, daher ‚hinc aut hinc‛ in ς; eine andere liefs sie wieder weg, daher ‚hic

---

[1]) turiferis Panchaia pinguis harenis.
[2]) II 3. 6 (versarem valido pingue bidente solum), vgl. Lygd. 3, 12 (arvaque si findant pinguia mille boves).

aut hie' auch in c d e steht: der Stammvater der von y vertretenen Familie wusste sich nicht anders zu helfen, als dass er den ganzen Vers ausliefs.

IV 1, 112. 112a bot t:

terna minus Pyliae miretur saecula famae.
namque senex longae peragit dum saecula famae.

was vielleicht richtig ist. Der libr. arch., der den gleichlautenden Schluss von 112a nicht vorher beobachtet hatte, schrieb den Vers zwar zu Ende, punctirte dann aber den ganzen Vers oder die wiederholten Worte aus.[1] O liefs die Puncte weg; eine andere Abschrift wahrscheinlich den ganzen Vers, daher er in z fehlt; eine dritte änderte wenigstens *famae* in *vita*, daher dies auch in c steht.

IV 1, 205 schien dem libr. arch. „matura celerem properat" des guten zu viel; er ersetzte *celerem* durch *fato*.

Angesichts aller dieser Stellen sinkt auch die pg. 15 sq. offen gelassene Möglichkeit, dass 1 3, 4 „mors modo nigra" in t gestanden habe, zur Unwahrscheinlichkeit herab. Während Magnus annimmt, dass der Vers im arch. unvollständig war, möchten wir folgende Erklärung der varietas lectionis vorschlagen: der libr. arch. schrieb zunächst genau nach t: abstineas avidas mors precor atra manus abstineas mors atra precor. Die Wiederholung missfiel ihm: für *abstineas* und *mors* liefs sich nicht gut ein Ersatz finden; es liefs sich auch kein Vers streichen, da mit V. 4 *manus*, mit V. 5 „non hie mihi mater" verloren gegangen wäre. So ersann er wenigstens für 2 von den 4 Worten (*precor* und *atra*) den Ersatz *modo* und *nigra*. Modo passte aber offenbar zum ersten *abstineas* besser: daher wurde in V. 4 „precor atra" punctirt und „modo nigra" dazu geschrieben. Nur dies pflanzte O fort; andre Abschriften liefsen grade dies fort, sodass einerseits durch neue Ergänzung der punctirten Worte *violenta* (e; *violanda* c) entstehen, andrerseits durch Weglassung der Puncte in y das ursprüngliche *precor atra* hervortreten

---

[1]) III 4, 65 wurde anders behandelt (vgl. pg. 45), weil dort die wiederkehrenden Worte am Anfang der Verse stehen.

konnte. Beachtung verdient auch, was Hiller pg. XIV zu II 1, 67 notirt: ‚in uno codice *mors precor nigra* invenitur.[1])

Ähnlich scheint es II 1, 67 zu sein. Fand der libr. arch. in t ‚interque greges,' so konnte ihm dies neben ‚inter armenta' und ‚inter equas' Anstofs derselben Art wie IV 1, 205 *celerem* erregen. Er schrieb seine Emendation ‚quoque inter agros' darüber, und nur diese ist in y einer-, c d e andrerseits überliefert; eine andere Abschrift des arch. scheint nur ‚interque greges' übernommen zu haben, das nicht nur in g erhalten ist[2]); O copirte den arch. oder er schrieb ‚quoque inter agros', notirte aber darüber *greges* oder *inter greges*, daher ‚quoque inter agros' in A, ‚quoque inter greges' in V.

So dürfte denn auch die pg. 48 als möglich bezeichnete Erklärung der Verderbnis in II 3, 14ᵃ: 4, 29; III 4, 65 Anspruch auf Wahrscheinlichkeit haben, um so mehr als wir auch bei keiner der übrigen Interpolationen des libr. arch. gezwungen sind, die Annahme, auch die Mitte der Seiten von t habe äufsere Verletzung in dieser Weise getroffen, zur Erklärung heranzuziehen. An einer Reihe von Stellen liegt es nahe, anzunehmen, dass der libr. arch. den, orthographische Eigentümlichkeiten[3]) (Abkürzungen) oder seltene Wörter, namentlich Eigennamen bietenden oder leicht verderbten, Text in t nicht verstand; an anderen genügt es, anzunehmen, dass einzelne Wörter oder Silben gar nicht oder nur teilweise zu lesen waren.

IV 1, 185 stand vermutlich in t: horrea fecundas ad deficientia mesis (*messis* F); der libr. arch. verstand statt *messes*[4]) *mensis* und passte *fecundis indeficientia* dem an.[5])

IV 1, 175 fand er wohl *preclaros ierint* statt des ursprünglichen *per claros ierint* (*ierint* aus F notirt). Dass nach Magnus' wichtiger Beobachtung[6]) bei Catull, Tibull, Lygdamus, Properz und Ovid *praeclarus* nicht vorkommt, konnte er nicht ahnen

---

[1]) Vgl. Heyne.
[2]) Vgl. Broukhusius pg. 222.
[3]) Vgl. pg. 14 über III 6, 23.
[4]) Vgl. III 6, 23.
[5]) II 5, 92 fand er *compresis* und schrieb *compressis* statt *comprensis*.
[6]) Vgl. seine Behandlung der Stelle, pg. 314.

und suchte naturgemäfs den Fehler in dem intransitiven verbum. Seine Conjectur *poscent*, die Hiller in den Text aufnimmt, giebt, abgesehen von der F gebührenden Autorität, auch einen unpassenden Sinn: denn der Panegyriker schiene dadurch anzudeuten, dass die Thaten gegenwärtig den Triumph noch nicht beanspruchen können.

I 10, 46 ist *panda*, welches Par. und der von ihnen abhängige g bieten, nichts als Verschönerungsversuch des ovidkundigen Excerptors. Hätte arch. eine Lücke gelassen[1] oder auch nur zu *curva* hinzugeschrieben *panda*, würde die Überlieferung in derselben Weise wie bei ähnlichen Fällen schwanken.[2]

I 6, 7 passt ‚multa negat', wenn man *multa* als neutrum fasst, schlechterdings nicht in den Zusammenhang; und wollte man sich entschliefsen, es im Sinne von ‚multa est in negando' zu interpretiren, so bleibt *tam*, welches Cat. 8, 6[3], auch wenn es in der guten Überlieferung stände, unbedingt geändert werden müsste, weil es ebenso incorrect und bei Tibull unmöglich ist wie das *tantum* in I 5, 33. Diese Übereinstimmung lässt uns an der Herkunft der Worte nicht zweifeln. Wenn nun Hiller für sie ‚mihi cuncta' einsetzt unter Hinweis auf IV 1, 129, wo AV und Lachmanns Handschriften ebenfalls *multa* aber nicht *tam multa!*, = nach seiner Angabe[4] zum Teil *cuncta* (aber nicht *mihi cuncta!*) bieten, so ist dies um so bedenklicher, als es gar nicht über allen Zweifel erhaben ist, dass dort *multa* für *cuncta* eingetreten ist.[5] Sind wir berechtigt ‚tam multa' für unecht zu halten, so ist nach Ovid. trist. II 447 (credere

---

[1] Magnus, Philol. Wochenschrift 1885, pg. 581 sqq.

[2] Die drei von Broukhusius pg. 421 für *panda* angeführten Zeugen sind teilweise dieselben, die auch II 1, 67 (vgl. pg. 74 Anm. 2) mit g übereinstimmen

[3] Ibi illa multa tum iocosa fiebant. Auf die Stelle beruft sich Dissen.

[4] Broukhusius, Heyne und Voss notiren nur die Varianten *multa* und *muta*. Huschke (Tib. carmina, Leipzig 1819 bemerkt: ‚Margo Ed. Reg. Lep.: *cuncta* legas melius'.

[5] Lachmann, Haupt, Müller und Bährens schreiben *muta*. Sollte ‚muita silentia' nicht ebenso möglich sein wie ‚multa umbra' Verg. Aen. VI 340; Hor. epi. I 16, 10?

iuranti durum putat esse Tibullus) Heynes Vermutung *iurata* jeder andern vorzuziehen. Den Anlass der Interpolation wird die Seltenheit dieses activischen Gebrauches, vielleicht auch unleserliche Schreibung der ersten Silben des Participiums gegeben haben.

III 6, 3 lautete im arch.: aufer et ipse meum pariter medicando dolorem. Das Adverbium *pariter* scheint bei *meum* als Hinweis auf ‚saepe tuo cecidit munere victus amor' echt sein zu können; dagegen ist *medicanulo* (wenigstens seine Endungssilben) syntaktisch und vor allem metrisch für diese Zeit unglaublich. Von den Conjecturen bedürfen *medicande* und Bährens' *pater* o keiner Widerlegung. An *patera medicante* und Birts *patera medicare* ist *patera* bedenklich, da dies Gefäfs regelmäfsig zur Libation dient, jedenfalls nicht der — grade hier zu erwartende — eigentliche Ausdruck für ein Zechgeschirr ist[1]); aber auch *medicante* (also: patera medicatur) konnte im Lateinischen schwerlich, konnte hier neben ‚*ipse* aufer' nach *ades* jedenfalls nicht gesagt werden; je mehr es hier auf den Inhalt der *patera*, auf das ‚munus Bacchi' (V. 4) ankommt, desto ungeschickter ist diese Metonymie. Heynes ‚pater et medicare' kann auch nicht das richtige sein; wollte man auch *pater* trotz des folgenden *puer* (V. 5) dem Lygdamus zutrauen, so geht doch die Verbindung ‚aufer et medicare' überhaupt nicht an: wo dolor aufertur, bedarf es keiner medicina mehr.[2]) Ein

---

[1]) Vgl. Verg. georg. II 192 (pateris libamus); Aen. I 729. 739 (vgl. V. 737: libato, summo tenus attigit ore); III 67 (sanguinis et sacri pateras); IV 60 sq. (tenens pateram vaccae inter cornua fundit); VII 133 (pateras libate Jovi); Hor. cc. I 19. 15 (bimi cum patera meri; vgl. Kiefsling); I 31, 2 (quid orat de patera novum fundens liquorem); IV 5, 34 (te multa prece, te prosequitur mero defuso pateris); IV 8, 1 (pateras—aera—tripodas); sat I 6, 118 (cum patera guttus; vgl. Kiefsling); Ovid. metam. IX 160 (vina patera fundebat in aras); XIII 704 (sacerdoti dant pateram); XV 575 (placat aras vinaque dat pateris). Auch Prop V 6, 85 (sic noctem patera, sic ducam carmine) darf man nach dem ganzen Zusammenhang und neben *carmine* zunächst an Libationen denken.

[2]) *Mederi* bezeichnet das Verfahren, dessen Resultat *sanare* ist — ‚Compescere dolorem' — was Tibull in dem, Lygdamus vorschwebenden, Gedicht I 2, 1 sagt — und *mederi* passen zusammen; vgl. Prop. IV

verbum, das nach *aufer* passt, findet man nicht; aber vor *dolorem* kann kaum etwas anderes als ein trochäisch endender Imperativ gedacht werden. So wird uns *aufer* verdächtig. Vielleicht hat in t etwa gestanden: huc ades [1]) atque menm pariter medicare dolorem. Wenn der libr. arch. nicht erkannte, dass die Worte ‚sic sit tibi mystica vitis, semper sic hedera tempora vincta feras· eine Parenthese bilden, so konnte ihm die Aufforderung *ades* als hier nicht mehr angebracht erscheinen. *Ipse*, das er auch II 5, 98[2]) als Flickwort verwendet hat, schien den Kern von *ades* zu enthalten; dass ‚aufer et medicare· nicht anging, fühlte er und brachte die seiner Zeit geläufige Construktion des Gerundiums durch *medicando* in den Vers. — Jedenfalls ist die Emendation der Stelle zu unsicher, als dass sie für oder wider irgend eine Ansicht vom arch. verwendet werden könnte.[3])

Auf Verwechselung von n und u beruht es offenbar, wenn der libr. arch.

I 3, 17 schrieb: aves, dant omina dira (Scaliger fand *aut* wieder): infolge dessen schrieb er wohl im folgenden Verse *Saturni* statt *Saturnive*. Ebenso

IV 1, 30 *quid qua iudex* statt *quid quaque iudex* (F); wohl auch:

II 1, 45: antea tum pressos pedibus dedit uva liquores (*aurea* in Par., und darnach in g, durch naheliegende Conjectur gefunden).

17, 3 sq.: tu potes insanae Veneris compescere fastus, curarumque tuo fit medicina mero.
[1]) Vgl. Tib. IV 4, 1 sq.: huc ades et tenerae morbos expelle puellae, huc ades, intonsa Phoebe superbe coma.
[2]) Vgl. pg. 28. Da in c d e das richtige erhalten ist, dürfen wir auf Grund der inzwischen gewonnenen Kenntnis vom Verfahren des libr. arch. annehmen, dass er das zunächst geschriebene *ante* punktirt und sein *ipse* dazugesetzt hat.
[3]) Es leuchtet ein, dass die von L. Müller, Hiller und Haupt-Vahlen aufgenommene Vermutung *patera medicante*, da sie nicht eine Lücke sondern Verschreibungen voraussetzt, sich der Hypothese vom arch. ebenfalls fügt.

I 10, 36 stand in t wohl *tupis;* dafür las und schrieb der
libr. arch. *pupis*, das sich im codex p der Excerpte noch erhalten hat (vgl. Lachmanns Note: *puppis* vel *pupis* A B C).
IV 1, 142 scheint der umgekehrte Buchstabenwechsel mitgewirkt zu haben. Stand in t: ‚aut unda parospita', mit einem
oder zwei dem τ ähnlich sehenden p, so konnte der libr. arch.,
indem er in diesem Zusammenhange natürlich genug ein
geographisches Epitheton vermutete, in Erinnerung an III 3, 14
(Taenare sive tuis sive Caryste tuis) auf *carystia* verfallen.
Den anderen Eigennamen (*Arectais* F; in t wohl *Arecteis*) kannte
er nicht und vermutete darin *Creteis*; die Änderung der Stellung, die eine an sich mögliche, doch bei ihm gewiss nicht
auf Kenntnis des Gebrauchs augusteischer Dichter beruhende
prosodische Abweichung herbeiführte, ist wohl auch ihm[1]) zuzuschreiben. Übrigens halten wir auch *perhospita* in F für
bewusste Änderung (per = sehr), da das aus *parum hospita*
(Heyne) zusammengezogene Wort keinen Sinn bot. Der Panegyriker hat möglichst auf Abschreckendes oder Absonderliches
in den genannten Ländern hingewiesen in V. 137 sqq.: non te

---

[1]) Von ihm ist auch I 8, 1 *celare* geschrieben statt *celari*, info ge
unrichtiger Auflösung des Compendiums, sowie I 5. 7 *parce tamen parce*
(statt *per* τe). Über den Nom. *grata* als Spondeus (IV 6, 19) vgl pg. 70.
Mit dieser Stelle hat die Überlieferung I 7, 61 .te canit agricola, magna
cum venerit urbe' den letzten Halt verloren; anstatt der Conjectur *e
magna*, die eine an dieser Versstelle störende Verschleifung einführt,
möchten wir annehmen, dass der libr. arch. noch das, auch I 1, 39 (antiquus sibi fecit agrestis pocula) und Ovid. metam. XI 379 (dixerat
agrestis) substantivisch gebrauchte, Wort *agrestis* vorfand und es hier
durch das gewöhnliche *agricola* ersetzen zu können meinte. Dass er
I 5, 28 in den Worten ‚pro segete et spicas' das *et* des Metrums wegen
interpolirt haben soll, ist wenig wahrscheinlich. Vielleicht entstand
sein *et* aus doppelter Schreibung der letzten Silbe von *segete*, wie I 1
59. 60 *te* mit *et* vertauscht ist. Warum soll aber eigentlich nicht Tibull
die näher zusammengehörenden Worte ‚pro vitibus uvas' und ‚pro segete
spicas' durch *et* verbunden und dieses Ganze dem ‚pro grege ferre dapem'
entgegengesetzt haben? Der Vers I 6, 34 (servare, frustra clavis inest
foribus) ist insofern anders beschaffen, als die Lautverbindungen *sp* und
fr wegen der gleichen Zahl der Buchstaben noch nicht prosodisch gleichwertig sind.

vicino remorabitur obvia Marte Gallia nec latis audax Hispania terris nec fera [Cyrene] nec qua . . . rapidus, Cyri dementia, Gyndes¹) . . . nec qua regna vago²) Tomyris finivit Araxe, impia nec saevis celebrans convivia mensis (ultima arva) Padaeus. In diesem Zusammenhang hat „parum hospita"³) seinen guten Sinn: die Notiz ‚haud una per ostia' wäre zwecklos, und deshalb ist diese Conjectur unerlaubt. Die Güte von F zeigt sich auch hier glänzend.

Auch sonst hat der libr. arch. unbekannte (vielleicht auch nicht gut leserliche) Eigennamen mit bekannten Worten vertauscht; zum Beispiel diene:

IV 1. 110 *et Arpinis* statt *Arupinis;*
I 7. 9 *tua bella* statt *Tarbella.*

II 5. 68 schrieb er *Phoebo grata*⁴) als Attribut zu *Herophile.* Hat er in t gelesen: ‚-que quod monuit', so kann er infolgedessen ‚quod admonuit' für besser gehalten und darüber geschrieben haben. Mit Unrecht erklärt Leo pg. 27 jene Lesart für unstatthaft: Tibull kann beabsichtigt haben, *Phoebo Graia* dadurch zu einem, der Marpessia Herophile gegenüberstehenden, Begriff zu verbinden, was bei Eigennamen weniger auffallend wäre wie in ‚mors propiorque' II 3. 38 (vgl. Philologus 1888 pg. 380). — Auch statt *Albana* und *Tiberis* (V. 69) kann in t noch das richtige gewesen sein.

Wie der libr. arch. hier aus ‚Graia' ‚grata' machte, hat er umgekehrt II 6, 45 in einem Worte, von dem er vielleicht nur noch -*ne* lesen konnte, ganz verkehrter Weise⁵) den Namen der lena vermutet. Die von Hiller aufgenommene Conjectur *recipi* (nach Prop. III 22, 48) ist zulässig: auch an *admitti*

---

¹) In den Handschriften und in F *Cydnus*: also war auch im vorhergehenden Verse ein ganz alter Fehler.

²) *Vago* ist nicht, wie Dissen meint, ‚perpetuum epitheton', sondern es deutet auf die Weite, durch die er fliefst.

³) Weil er *ardet*, also in glühend heifsem Lande fliefst und nicht erquicken kann. Lachmanns *arct* ist wohl nicht nötig.

⁴) Vgl. IV 6, 19: iuveni grata.

⁵) Das zeigt am besten Dissens Verteidigung: ‚quidni acerbioris reprehensionis causa adiectum sit a poeta pessimae lenae nomen, ut sciant etiam alii?' Vgl. Leo pg. 21 sq. 42.

(Tib. I 6, 56) könnte man denken. Doch wahrscheinlicher ist, dass in t stand: lena vetat miserum domine (dominae); der libr. arch. verstand dies nicht und beseitigte durch seine Conjectur *Phryne*, die sich an das vorgefundene anschloss[1]), den Dativ, während g wieder sein ‚vetat miserum' anstöfsig fand und aus V. 51 (tunc morior curis) kühn interpolirte: lena necat miserum. Lachmann vermutete *vocat* mit der Annahme, es sei die Rede ‚de commercio literario Tibulli cum Nemesi'; dagegen spricht, dass der Inhalt des Distichons geeignet sein muss, die Aussage von V. 44 (lena nocet nobis, ipsa puella bonast) zu erklären. Die vermutete Lesart von t kann die ursprüngliche gewesen sein; man vergleiche für die Verbindung von *veto* mit einem persönlichen Object: Tac. hist. I 22 (genus hominum, quod in civitate nostra et vetabitur semper et retinebitur), auch Senec. Herc. Oet. 150 (solem vetuit Delia tardior) und 1624 (quercus Phoebum vetat). Aber die Verbindung mit einem Dativ wird durch Ovid. metam. V 273 (vetitum est sceleri nihil) nicht genügend gesichert. Es empfiehlt sich mehr, ‚lena (mit starker Betonung an erster Versstelle wiederholt) vetat miserum' für sich zu nehmen; dem ‚me non admittit' tritt gegenüber ‚alios dominae insinuat'. Die Stellung des die Verbindungspartikel *que* tragenden Wortes ist dann ebenso wie II 5, 53 (concubitusque tuos, furtim vittasque iacentes)[2]). Dass diese

---

[1]) Anders kann man sich die Wahl dieses Namens kaum erklären. Vgl. Hor. ep. 14, 16; Prop. II 6, 6.

[2]) Vgl. Philologus 1888, pg. 379 sq.: Apud Tibullum versus pentameter voce bisyllaba, hexameter trisyllaba vel praepositione bisyllabaque cohaerentibus ita claudi solet, ut syllaba brevis quam praecedere oportet particula *que* conficiatur. — Iam vero, ut pentametri extremam partem ea ratione pangeret, particulam *que* certis condicionibus ab enuntiati adiungendi initio removit. — Hac consuetudine Tibullum eo perductum esse, ut in hexametri quoque extrema parte particulam *que* ab enuntiati initio removeret, demonstratur v. II 5, 53. *Furtim* sententiae ratione habita ad concubitus multo artius quam ad vittas iacentes pertinere Leo (pg. 28) falso dicit. Nam illos furtim factos esse ita apparet, ut hic insuper significandum non fuerit; at vittae, cum Martis propriis armis iam ab amori indulgente relictis poeta opponat sacerdoti Vestae signum ab Ilia iam desertis Vestae focis Marti morem gerente

Manier sonst bei Tibull nicht hervortritt, ist erklärlich: II 5 und 6 stehen sich zeitlich nahe und sind die spätesten uns erhaltenen Werke des Dichters.

An den bisher behandelten Stellen liefs sich das Verfahren des libr. arch. aus besonderen Umständen entschuldigen; an einigen andern[1]) muss er wohl allein die Verantwortung für seine Lesarten tragen, so:

I 6, 46, wo er für *non amens* schrieb *non et amans* (vgl. Rothstein pg. 40).

IV 3, 3, wo er *in proelia* (F) nicht für passend hielt und *in pectore* conjicirte.

IV 6, 7 ist statt *neu quis* (F) im arch. *ne nos* eingetreten, wie Magnus gesehen hat, aus Misverständnis von V. 6.

IV 9, 2 ist, ebenfalls nach Magnus, *non sinet* im arch. statt *iam licet* (F) in Rücksicht auf das *non sinis* in IV 8, 8 geschrieben. Auch der libr. arch. bezog *iter triste* in IV 9 auf den Inhalt des vorhergehenden Gedichts, ohne zu beachten, dass ein ‚iter ex animo sublatum' von der *puella* beabsichtigt gewesen sein muss. Dieses *iter* heifst *triste*, weil es Sulpicia und Cerinth an dessen Geburtstag getrennt hätte; in IV 8 ist vom Geburtstag der Sulpicia die Rede. Die Änderung des libr. arch. ist also verkehrt; aber auch das von F und den Handschriften bezeugte *tuo* darf nicht, um Verbindung zwischen diesen losen Blättern zu schaffen, in *meo* oder *tuae* geändert werden.[2])

---

depositum — neque enim de vittis reluctanti puellae dereptis vel delapsis cogitandum est — furtim iacentes proprie atque recte dicuntur. Neque igitur est, quod durissimum — nam adverbium inter substantivum et adiectivum ἀπὸ κοινοῦ esset — eius structurae genus poetae politissimo obtrudamus.

[1]) Vgl. Magnus, Philol. Wochenschrift 1885, pg. 584 sqq.

[2]) Ein Gedicht vom ‚dies natalis Sulpiciae', eins vom ‚dies natalis Cerinthi' lag dem Dichter des Elegienkranzes vor. Man vergleiche IV 8 und 9 mit IV 6 und 5; IV 10 und 11 sind in IV 3 und 4 verarbeitet; zum umgeformten Inhalt von IV 12 fügt IV 7 die Andeutung, woher dem Dichter die Kenntnis des behandelten Stoffes gekommen ist, indem Sulpicia V. 7 sq. spricht: non ego signatis quicquam mandare tabellis, ne legat id nemo quam meus ante, velim. Zugleich erinnern diese Worte in

Für willkürliche Änderungen hält Magnus auch: *lasso* statt *laxo* I 6, 18; *ferent* statt *feret* II 5, 116 und IV 1, 173 *in ore* statt *more*; doch könnten diese paläographisch geringfügigen Abweichungen zufällig sein. An einigen Stellen erscheint die Abweichung des arch. vom richtigen Texte größer als sie ist. So bieten die Handschriften IV 1, 161 *ergo*, F *igitur*; jenes $= \overset{\circ}{g}$, dieses $= \acute{g}$ [1]). IV 1, 200 ist *mittere* verlesen aus *untere*, das ist vincere, wie F überliefert. — Die II 4, 23 vorliegenden Varianten:

      A V: sacris insignia fanis
      y: sacris insignia donis
      c d e: focis insignia sacris

weisen darauf, dass der libr. arch. ‚sacris insignia sacris' geschrieben hat, mit demselben Versehen, aus dem wir pg. 49 seine Lesart in I 5, 61 erklärten.

An einigen Stellen hat man den arch. zu Unrecht in den Verdacht der Interpolation genommen. Es handelt sich zunächst um zwei Stellen von I 1, von dem Par. V. 1—10, 25—34, 37—51, 70—72, 75—78 übernommen haben. Sie bieten wie die handschriftliche Überlieferung V. 44 *scilicet*, schreiben aber V. 6 *exiguo igne*, V. 25 *quippe ego iam possum*, V. 37 *vos quoque adeste dei*, V. 43 *uno requiescere lecto*[2]), V. 49 *sit dives rure*, V. 50 *et celi nubila ferre potest*, V. 78 *despiciam dites*, das heißt: sie ändern, teils um den Sinn, teils um den Versbau zu bessern, durch kecke Interpolation den Text des arch., auf dem sie beruhen. Wenn nun in V. 48 A V y c d e *igne*, Par. und der darnach interpolirte ğ *imbre* bieten — eine Lesart, die von dem Excerptor aus den Worten und der Situation des V. 45 (quam iuvat immites ventos audire cu-

---

Verbindung mit dem Ausdruck ‚exorata meis camenis' (V. 3) an das vom Dichter selbständig entworfene Widmungsgedicht IV 2 (vgl. pg. 69), in dem Sulpicia den Musen zugesellt ist, und geben die erforderliche Erklärung für diesen Gedanken des einleitenden Gedichts. Vgl. Gruppe pg. 57.

[1]) Vgl. Wattenbach (oben pg. 39 Anm. 2) pg. 30.
[2]) Vgl. pg. 71.

bantem), in Erinnerung an I 2, 77 sq. (nam neque tum plumae nec stragula picta soporem nec sonitus placidae ducere posset aquae) und in dem Gedanken, dass das gleichmäfsige Prasseln des Regens einschläfert, so sicher interpolirt sein kann, wie, anscheinend im Zusammenhange damit, im vorhergehenden Verse et für aut von ihm interpolirt ist —: so kann methodische Kritik nicht daran zweifeln, dass auch *imbre* für Interpolation gelten muss, und es besteht nur die Frage, ob eine Conjectur notwendig und ob diese etwa richtig ist. In V. 49 sq. heifst es:

> hoc mihi contingat: sit dives iure, furorem
> qui maris et tristes ferre potest pluvias.

Wie ‚tristes ferre potest pluvias' den Gegensatz zu V. 47 sq.[1]) bildet, so zeigt ‚furorem maris', woran der Dichter bei V. 45 sq.[2]) gedacht hat. Nicht die Musik, die der Wind dem im Zimmer befindlichen vorheult, nicht ‚ventos audire', sondern ‚cubantem ventos audire (non sentire)' und nicht um des Gewinstes willen auf stürmischem Meere das Leben gefährden zu brauchen[3]): das ist iucundum. Mit der Musik des Windes fällt die Voraussetzung für die einschläfernde Musik der Regentropfen. Zu ‚iuvat ventos audire cubantem' ist nicht, wie Magnus will[4]), der mit *iuvante* verbundene Ablativ parallel, sondern ‚iuvat securum somnos sequi'. Aber auch abgesehen davon, dass ‚imbre iuvante', wie auch in der Änderung et zu Tage tritt, der richtigen Auffassung von V. 45 und seinem Verhältnis zu V. 47 nicht entspricht, und beide Lesarten einer falschen Auffassung davon entsprungen zu sein scheinen, kann *imbre* nicht richtig sein. Schläfert der Winterregen, der Laut

---

[1]) aut (quam iuvat). gelidas hibernus aquas cum fuderit auster, securum somnos sequi.

[2]) quam iuvat immites ventos audire cubantem et dominam tenero continuisse sinu.

[3]) Vgl. I 3, 37—40.

[4]) pg. 320. — Magnus' dortige Bemerkung gegen Rothstein's ‚naive' Frage ist nicht ganz treffend, da dieser gegen Dissens Erklärung polemisirt.

kalter Tropfen besonders ein? Fallen die Tropfen überhaupt noch ‚cum aquas fuderit auster (nicht *fundat*)'? Giebt ‚imber, cum auster aquas fundat' überhaupt ‚sonitus placidae aquae'? — Wir urteilen: wäre *imbre* alleinige oder auch nur bessere Überlieferung, es müsste durch *igne* ersetzt werden; dass das der libr. arch. gethan haben sollte, ist ihm nicht zuzutrauen. Die auf der Lesart *imbre* beruhende Conjectur von Bährens *sonante* ist abzuweisen; aber auch Rothsteins[1]) *igne crepante* ist nicht nötig. V. 45—49 sind das winterliche Gegenbild zu V. 27 sq.[2]); mit ‚igne iuvante' klingt V. 6 (dum meus assiduo luceat igne focus) wieder an.

In V. 2 desselben Gedichts bieten *iugera magna*: A V y c d e; *iugera multa*: Diomedes Fris. Par. Jenes Attribut lässt sich nicht nur, wie Magnus pg. 317 zugiebt, verteidigen, sondern es giebt einen ebenso vortrefflichen Sinn wie Hor. sat. I 6, 4: olim qui magnis legionibus imperitarent. Was Dissen dagegen anführt[3]), ist nicht stichhaltig, da Tibull nicht sagt ‚iuger*um* magn*um*'. ‚Jugera magna teneat' heifst: mag er eine Zahl von ganzen iugera besitzen. *Magna* hebt den Wert der *iugera* hervor, wie *culti* den *soli*; *multa* zählt sie nur. *Magna* ist also poetischer als *multa*, das darum selbstverständlich doch von Tibull sein könnte. Aber *magna* ist eigenartig, *multa* das gewöhnliche[4]), und da zufällige Änderung nicht anzunehmen ist, hat die einfachere Lesart *multa* den Verdacht gegen sich; die schwierigere *magna* könnte nur einem hervorragend fähigen Interpolator zugeschrieben werden. Das war der libr. arch. entschieden nicht; ehe wir ihm die seinem Charakter nicht entsprechende Conjectur zuschieben, haben wir die Zeugen wider ihn — deren Überzahl uns nicht ohne weiteres imponiren darf — auf ihre Glaubwürdigkeit genauer zu prüfen.

---

[1]) pg. 37.
[2]) canis aestivos ortus vitare sub umbra arboris ad rivos praetereuntis aquae.
[3]) ‚iugera per se *magna* dicere sic tantum hic recte potuisset Tibullus, si ipse multo minorem iugero agrum habuisset.
[4]) Vgl. II 3, 42: ut multa innumera iugera pascat ove; III 3, 5 (ut multa mei renovarent iugera tauri).

Die Art, wie P die ausgezogenen Verse dieses Gedichts behandelt hat, nimmt seinem Zeugnis, da *multa* so nahe lag, jeden Wert. Diomedes bietet im vorhergehenden Verse *conserat*, was ihm niemand glaubt; so brauchen wir ihm hier auch das noch leichter zu conjicirende *multa* nicht zu glauben. Fris. ist, wie III 4, 66; 6, 52 zeigten[1]), vom arch. abhängig und der Abweichung von ihm uns bisher nicht verdächtig geworden. Allein, wenn im arch. nur *multa* stand, wäre die Einstimmigkeit der handschriftlichen Überlieferung, die sicher nicht nur auf einer Abschrift des arch. beruht, unerklärlich; und wenn der libr. arch. beide Lesarten fortgepflanzt hätte[2]), würden wir wie bei den oben behandelten Stellen in irgend einer Handschrift eine Spur davon finden. Es bleibt also bei dem, was von Anfang an am nächsten lag: der arch. hatte nur *magna*; *multa* ist eine — besonders wenn die Verse aus dem Zusammenhange genommen wurden — sehr naheliegende, darum auch von verschiedenen Seiten möglicher Weise selbständig gemachte, aber aus methodischen Rücksichten entschieden abzuweisende Conjectur. Ovid. fast. III 192 (ingeraque inculti pauca tenere soli) ist nicht Nachahmung, sondern Reminiscenz; und wenn er *pauca* schreibt, so braucht es nicht darum zu sein, weil er im

---

[1]) Vgl. pg. 57 Anm. 3. Beachtenswert sind auch Bährens' Worte, pg. XIX seiner proleg.: ‚is unde Fris. fluxerunt codex eadem [qua codices] III 4, 65 lacuna laborabat (nam alioquin ibi non solum pentametrum Fris. haberent'.

[2]) I 1, 5 hat der libr. arch. wohl das ursprüngliche *vita* im Text behalten, aber *vite* dazugeschrieben. Je mehr dies bei oberflächlicher Prüfung des Gedankenzusammenhangs neben *inerti* bestechen konnte als leichter verständliche Lesart, desto erklärlicher ist, dass seine Abschriften oder wenigstens deren Nachkommen von der Lesart *vita* gar keine Notiz nahmen (in g ist es aus Par. gekommen). Dass der excerptor P die auffällige Construction von *traducere* noch verstand, ist bei der doctrina, die er sonst zeigt, durchaus annehmbar; dass er sie dann vorzog, ist natürlich, denn die andere Lesart liefs ein Misverständnis zu, das dem Moralisten gewiss nicht zusagen konnte, und nahm dem Begriff *paupertas* etwas von der dominirenden Geltung, die er im Gedanken hat, — er aber hat sogar im folgenden Verse *exiguo* für *assiduo* eingesetzt. Der excerptor Fris. oder die Abschrift des arch., aus der er stammt, verfuhr hier genau so wie I 1, 25 (vgl. pg. 33 Anm. 1).

Tibull *multa* las, sondern er hat *pauca* genommen, weil *parva* dort neben *inculti* keinen Sinn gegeben hätte.

I 2, 19 schreiben Bährens und Hiller nach Fris. ‚molli furtim derepere lecto' statt ‚furtim molli decedere lecto' (A V y c); L. Müller schreibt ‚furtim molli derepere'. Aber *derepere* muss für einen verunglückten Verfeinerungsversuch des Excerptors oder seiner Vorlage gelten; der arch. kann nur *decedere* enthalten und Tibull nur dies geschrieben haben. Derb, aber treffend sind die Worte C. M. Franckens[1]): ‚puella tanquam mus *derepit* lecto; num nos philologi, ut auctoritati Frisingensium excerptorum satisfiat, omnem elegantiam abiecimus?' Die von Hiller angezogenen Stellen I 2, 85 (non ego [dubitem] tellurem genibus perrepere supplex); I 8, 59 (possum media quamvis obrepere nocte; vgl. V. 59: nota Venus furtiva mihi est); IV 3, 21 (quaecumque meo furtim subrepit amori) zeigen uns gerade, wo das bildliche *repere* am Platze ist und welche composita desselben sich mit dem Begriff *furtim* natürlich verbinden; sie lassen uns auch keinen Zweifel über die Entstehung des ‚furtim derepere.'

I 5, 69 lautet in den Handschriften:

at tu, qui potior nunc es, mea furta timeto;

die Herausgeber, sogar Lachmann, nehmen Murets *fata* in den Text auf. Aber auch Ovid hätte in V. 71 *quidam* nicht auf Tibull selbst beziehen können[2]), wenn er in V. 69 ‚mea *fata* timeto' gelesen hätte. Da dies nicht in die Augen springt und eine wörtliche Übereinstimmung nicht vorliegt, lässt sich Interpolation aus Ovid nicht annehmen. Ferner ist die Lesart *fata* durch ihr Verhältnis zu dem folgenden Gemeinplatz (versatur celeri Fors levis orbe rotae) so bestechend, dass man nicht begreifen kann, wie man sie je sollte aufgegeben haben, wenn

---

[1]) Nach Magnus pg. 366.
[2]) trist. II 459 sqq.: scit cui latretur (vgl. Tib. I 6, 31 sq.: ille ego sum, instabat tota cui tua nocte canis), cum solus obambulet ipse, cur totiens clausas excreet ante fores, multaque dat furti talis praecepta; Tib. I 5, 73 sq.: (quidam) simulat transire domum, mox deinde recurrit solus et ante ipsas excreat ipse fores. nescio quid furtivus amor parat.

sie überliefert war. Umgekehrt ist begreiflich, dass die Herausgeber, nachdem einmal die Lesart *fata* aufgeworfen war, vor dem blendenden Schein dieses Verhältnisses die Schattenseiten der Conjectur nicht genügend beachteten. ‚Mea furta timeto' bedarf keiner Erklärung[1]; ‚mea fata timeto' wäre hier unerklärlich. Wie der Lateiner diese Worte verstanden hätte, mag IV 4, 11 zeigen (neu invenem torque, metuit qui fata puellae); denn das heifst doch nicht: Cerinth fürchtet krank zu werden.[2] Man darf nicht vergessen, dass die Begriffe ‚fatum' und ‚Schicksal' nicht congruent sind; ‚alterius fata timere' lässt sich nur von dem aussagen, der daran Anteil nimmt: ‚alterius fatum' trifft nur den *alter*. Als Zusammenhang giebt Leo[3], der über *fata* nichts äufsert, an: ‚nur Gold öffnet die Pforte; du wirst verdrängt werden wie ich[4]: schon wartet ein andrer nicht vergeblich, d. h. einer der plena manu anklopfen wird, ein dritter.' Aber ist das V. 71—74 geschilderte Gebahren das eines, der plena manu klopfen kann? Und gesetzt dass der draufsen wartende ein dritter plena manu wäre, wie soll dadurch der zweite verdrängt werden? Die Fiction des Dichters ist ganz klar, dass diese *potior* ‚plena manus' hat (vgl. V. 59 sqq.), während er selbst anderes als *dona* anbieten muss; aber in V. 68 (ianua plena est percutienda manu) liegt doch noch nicht, dass Delia zu einer meretrix lupanaris geworden ist. Läge die Sache so, dass der Dichter einen dritten schon beobachtet hätte, der — mit Gold, um den Einlass zu erkaufen, versehen — nur noch die Gelegenheit zu ersehen brauchte, so wäre das mit der ganzen Stimmung des Gedichtes von V. 1 an unvereinbar. Es kann nicht die Absicht des Dichters sein,

---

[1] O. Ribbeck, Römische Dichtung II pg. 180: ‚An den Tropf von Ehemann und die von ihm bestellten Hüter, an den verdrängten oder den glücklichen Nebenbuhler werden höhnische Kriegserklärungen, spöttische Ratschläge und Warnungen, verächtliche Forderungen gerichtet.'

[2] Vgl. pg. 19.

[3] pg. 40.

[4] Das steht eben im überlieferten Text nicht; der Pentameter besagt nur: dein gegenwärtiges Glück braucht nicht von Dauer zu sein.

daran in V. 69 eine sentimentale Wendung und einen verzweifelnden Verzicht zu knüpfen. Die citirten Stellen Hor. ep. 15, 23[1]) und Prop. II 9, 2 thun doch wenig zur Sache; jenes Gedicht entspringt einer wesentlich anderen Stimmung (vgl. V. 12—14. 24), und die in diesem ausgesprochene Vermutung ist durch die besonderen Verhältnisse (V. 23) nahegelegt; übrigens steht dort *alio* und hier *alter*, an unserer Stelle aber *quidam*. Durch den höhnenden Hinweis darauf, dass dieser *quidam* sein Ziel heimlich zu erreichen versteht, soll dem augenblicklich begünstigten Liebhaber der Genuss vergällt werden. Die Hoffnung auf *furtivi foedera lecti* (vgl. V. 7 mit 75) bleibt dem Dichter, indem er als Nebenbuhler auftritt, was auch zu der Stimmung passt, aus der das Anerbieten in V. 65[2]) hervorgeht. Dazu erspäht er Gelegenheit in derselben Weise, wie I 6, 32 (pg. 86 Anm. 2) dem gegenüber, der nach der Fiction dieses Gedichts ‚fallacis coniunx incaute puellae‘ angeredet wird. Die Gleichheit der Situation hat Ovid erkannt und darum die Stellen verbunden; Leos Worten ‚Ovid hat hier sicher nicht richtig empfunden. Ein solches Gebahren, in wegwerfendem Tone geschildert, kommt nicht dem Dichter zu, sondern dem Wüstling‘ wagen wir nicht zu folgen, aus Furcht, wir möchten damit aus modernen sentiments heraus den antiken ‚lusor amorum‘ zu meistern scheinen.

I 9, 23 sq. haben nach der Übereinstimmung in AVyede im arch. sicher gelautet:

nec tibi celanti fas sit peccare: paranti
sit deus occultos qui vetet esse dolos.

Alle Varianten in Par. erklären sich aus diesem Wortlaut ohne Schwierigkeit. Statt des Wunsches im Pentameter setzte der excerpirende Mönch die allgemeine und für sich stehende Aussage: est deus qui vetat. Auch im Hexameter musste der Modus verändert werden; ferner, da *celanti* und *paranti* neben einander nicht bestehen konnten und von diesem der inf. *pec-*

---

[1]) tu, quicumque es felicior atque meo nunc superbus incedis malo,
— eheu translatos alio maerebis amores.

[2]) Vgl. pg. 48 sq.

care abhängig zu sein schien, jenes *celanti*. *Celare* ging nicht in den Vers; der Blick auf V. 24. 27 sq.[1]) gab *nec tibi celandi spes est* an die Hand.[2]) Für uns ist keine der Änderungen, die der Excerptor für seine Zwecke vornahm, notwendig. *Celanti* gehört praedicativisch zu *peccare* (= nec deus tibi permittat clam peccare). Dass nach ‚nec tibi celanti fas sit peccare' mit dem unverbundenen *paranti* ein neuer Satz begann, vernahm jeder Römer ohne weiteres; auch ergänzt sich *paranti* aus *celanti peccare* sofort zu ‚paranti ita peccare ut celes· oder ‚paranti clam peccare'. Noch ehe es wirklich zum *peccare* kommt, soll der Gott den listigen Plan an den Tag bringen; vgl. V. 1 sqq. Der Dichter nimmt am Schlusse der Rede an Marathus den Gedanken, mit dem er begonnen hat, variirt auf; dort heifst es: poena venit, hier: nec tibi fas sit, deus vetet. Dissen verlangt: nec liceat celare peccanti; aber damit wäre als geschehen dargestellt, was der Dichter damals (V. 29: haec ego dicebam: nunc) erst befürchtete und wovor er warnte.[3])

III 5, 11 bot der arch. wahrscheinlich:

nec nos sacrilegis templis admovimus egros (aegros).

Statt *sacrilegis*, das wohl eine absichtliche Änderung des libr. arch. ist, muss *sacrilegos* geschrieben werden; dann ist der Vers verständlich. Die allgemein angenommene Conjectur der ҫ *ignes* statt *egros* vermögen wir — auch abgesehen davon, dass aus F nichts notirt und die Entstehung solcher Corruptel nicht zu erklären ist — nicht für eine Emendation zu halten, weil durch sie die Disposition der in V. 7—14 enthaltenen Beteuerungen unmöglich gemacht wird. Da dem Dichter von Persephone Gefahr droht, beginnt er mit der Beteuerung, dass er

---

[1] V. 25 sq. sind ausgelassen.
[2] Vgl. Broukhusius' Note zu dem so entstandenen ‚Spruche' (pg. 185).
[3] Auch die von Rothstein pg. 35 vorgeschlagene Änderung der handschriftlichen Lesart *parantem scit deus qui vetat* ist nicht unbedingt notwendig. — V. 25 wird eine Abkürzung für *lingua* (etwa: liua) im arch. gestanden haben: deus permisit, ut lingua mero domiti tacito ministro libera verba ederet.

nichts gegen sie und ihr Reich verbrochen (V. 7—11), weder ihre Mysterien entweiht noch jemand durch Gift der Unterwelt zugeführt oder einen ihr verfallenen Frevler zum Tempel einer heilenden Gottheit gebracht habe; darnach versichert er im allgemeinen (V. 12—14), weder durch eine That noch durch ein Wort den Zorn der Götter veranlasst zu haben.

An mehreren Stellen haben Herausgeber das handschriftlich überlieferte *ipse* ohne zwingenden Grund aufgegeben.[1]) I 2, 58 ist ‚de me uno sentiet ipse nihil' die Ergänzung zu V. 55 ‚ille nihil poterit de nobis credere cuiquam' und V. 56 ‚er wird seinen eigenen Augen nicht trauen' nur eine Steigerung der Aussage von V. 55. — II 3, 59 (regnum ipse tenet) und II 4, 36 (quale bonum multis attulit ipse malis)[2]) hebt *ipse* die Gegensätze, die sich in den Personen des ‚barbarus' und des ‚caelestis' vereinen.[3]) — IV 13, 8 (in tacito gaudeat ipse sinu) enthält den Gedanken ‚ne communicet gaudium cum aliis'. — Auch I 5, 74 (ante ipsas exereat ipse fores) wagen wir nicht *usque* einzusetzen, da dies unserem ‚fortwährend, immerfort' entspricht, aber nicht bedeutet, was es hier heifsen soll, ‚jedes Mal'; *ipse* soll wohl hervorheben, dass kein andrer als der *quidam* es gewesen ist, der grade vor der Thür sich bemerkbar gemacht hat.[4]) — Über II 5, 98 vgl. pg. 28 und 77.

Mit Unrecht hat man angenommen, dass die Gedichte des zweiten Buches von Tibull nicht vollendet seien. Die Mängel, deren Beobachtung zu dieser Hypothese führte, fallen, soweit sie wirklich vorhanden und nicht blos in Folge von Unkenntnis tibullischer Art oder einer symmetrischen Theorie zu Liebe be-

---

[1]) Vgl. Hillers adn. crit. zu I 2, 58 und I 4, 71.
[2]) Vgl. pg. 13 Anm. 2.
[3]) Vgl. Lachmann, Hallische Allgemeine Litteraturzeitung 1836 (über Dissen): ‚vulgär ist *ipse* für *ille* oder *is*, das Lachmann I 2, 58 nicht zu verwerfen wagte und II 4, 36 vielleicht nicht hätte verwerfen sollen. II 3, 59 wird durch die Lücke die Bedeutung des *ipse* unsicher'.
[4]) Vgl. vorher: recurrit **solus**.

hauptet sind[1]), lediglich der Überlieferung zur Last, und es finden sich Mängel derselben Art auch in dem sicher von Tibull edirten ersten Buche, besonders in der Mitte desselben.

Auch Kritiker, welche keine der Elegien des zweiten Buches für unvollendet hielten, haben doch für wahrscheinlich erklärt, dass das zweite Buch erst aus dem Nachlass des Dichters hervorgegangen sei. R. Ullrichs studia Tib. enthalten nach Hiller[2]) zwar keine ‚entscheidende Widerlegung' dieser Ansicht; aber ‚der Vfr. hat dargelegt, dass Ovid. amor. III 9 so, wie es uns vorliegt, die Publication des zweiten Buches zur Voraussetzung hat'. Jene Ansicht bleibe als zweite Möglichkeit bestehen, denn ‚es steht nichts der Annahme im Wege, dass die V. 29—34 und 53—58 dem Gedichte erst bei seiner Aufnahme in die Sammlung, vielleicht an Stelle anderer Verse, eingefügt worden sind'. Wäre jene Ansicht Hillers und anderer wirklich nur durch diese Hilfshypothese aufrecht zu erhalten, so würde man sie besser aufgeben: das ist aber nicht der Fall.

Ovid sagt nach Ullrich pg. 31: sicut *Troiani fama laboris* et *tela nocturno dolo retexta* carmina celeberrima post tot saecula extarent Homerica, *Tibulli* quoque cum ipse mortuus esset *Deliam et Nemesim longum nomen habituras esse'*. Hier ist ‚carmina celeberrima' falsch eingesetzt statt ‚res carminibus Homeri celebratae', und dadurch scheint es, als ob Subject von ‚nomen habebunt' nicht wäre ‚feminae a Tibullo carminibus celebratae', sondern ‚carmina Tibulli ipsa'.

Ullrich fährt fort: ‚Iam patet rationes quasdam intercedere inter utrumque distichon (v. 29 sq. et 31 sq.), cum bina utriusque poetae carmina nominentur, Homeri *Ilias* et *Odyssea*, Tibulli *Delia* et *Nemesis'*. Hier werden fälschlich statt ‚res Iliade traditae' und ‚res Odyssea traditae' erst wieder carmina, dann (vermittelst des Ausdrucks *nominentur* statt *commemorentur*) gar die Titel der beiden Dichtungen eingesetzt, und dadurch scheint

---

[1]) Von spontaner Interpolation ganzer Disticha und von Umstellungen (aufser IV 4) darf im corpus Tibullianum keine Rede sein.
[2]) Deutsche Litteraturzeitung 1890, pg. 1087—89.

es, als ob *Delia* und *Nemesis* als Titel zweier Dichtungen zu verstehen seien; zugleich wird nunmehr mit ‚bina utriusque carmina nominantur' offen gesetzt: duo Tibulli carmina nominantur, Delia et Nemesis. Dann ist natürlich klar: ‚Haec autem referre non possumus nisi ad Tibulli libros primum et secundum' etc.

Es bedarf keines Wortes, dass Homer als der klassische und schmeichelhafteste Zeuge für die Zuversicht ‚durat opus vatum' herangezogen wird; dass er zwei Dichtungen in Buchform hinterlassen hat, bildet mit nichten den Vergleichspunkt. Es bedarf ferner nur des Hinweises, dass diese Ausdeutung von ‚Delia et Nemesis longum nomen habebunt' eben nur möglich ist, wenn man die Apposition ‚altera cura recens, altera primus amor', die nur zu Personen, nicht zu irgend einer Bezeichnung von carmina passt, einfach aufser Betracht lässt. — Der V. 31 des epicedium ist für die Frage, ob Tibull das zweite Buch noch selbst herausgab, von keiner Bedeutung.

Auch die Zeit der Herausgabe des ersten Buches glaubte Ullrich aus Ovid. trist. II 463 sq.[1]) genau bestimmen zu können. Mit Recht spricht Hiller in der Recension von ‚überfeiner Künstlichkeit' in der Beziehung von *iam* und nennt diese und die Erklärung von *te principe* ‚sprachlich unzulässig'; den Sinn und Zweck der ovidischen Worte habe Birt[2]) richtig erkannt. Der letzten Bemerkung kann man nicht beistimmen.[3]) *Iam* gehört zu *erat notus;* die Frage ‚quando Tibullus iam notus erat?', mit anderen Worten, warum Ovid das relative Tempus gewählt hat, muss der Zusammenhang beantworten. Ovid ist

---

[1]) non fuit hoc illi fraudi, legiturque Tibullus et placet, et iam te principe notus erat.

[2]) Rhein. Mus. 38, pg. 218. Er sagt: *iam* gehört zu *principe*; *notus erat* ist alsdann sinnlos, ‚wurde er bekannt' musste es heifsen; demnach ist zu lesen: notuerat.

[3]) Die Einsetzung des Plusq. statt des Imp. ändert nichts wesentliches; ein ‚alsdann' erforderliches Perf., das Ovid an dieser Versstelle geschrieben haben könnte, ist nicht vorhanden. Demnach ist nicht *notus erat* zu ändern, sondern die Voraussetzung *iam* gehöre zu ‚te principe' als falsch aufzugeben.

in dem Beweise: ‚composui teneros non solus amores: composito poenas solus amore dedi (V. 361 sq.) beim zweiten Teile: ‚et Romanus habet multa iocosa liber.' Nach Erwähnung Catulls und seiner Genossen wird gefragt: quis dubitet nomina tanta sequi? Von Sisenna heifst es: nec obfuit illi historiae inseruisse iocos, von Gallus: non fuit opprobrio celebrasse Lycorida; bei Tibull folgt auf das lange Citat aufser der ebenfalls auf die Gegenwart bezogenen Aussage ‚non fuit hoc illi fraudi' nicht nur ‚legiturque et placet', sondern auch mit beachtenswertem Wechsel des Tempus: iam te principe notus erat. Bei dieser Aussage muss Ovid an einen Zeitpunkt der Vergangenheit denken; und was liegt näher in seinem Gedankenkreise als: iam notus erat tum, cum ego similia scripsi, cum nomina tanta secutus eodem principe amores composui. Nach einer kurzen Notiz des Inhalts: ‚eadem atque Tibullus praecepta dedit Propertius nec fuit hoc illi fraudi' folgt in der That V. 467 sqq.: his ego successi. — non timui, fateor, ne, qua tot iere carinae, naufraga servatis omnibus una foret; vgl. V. 493: his ego deceptus non tristia carmina feci. — ‚Hiernach bieten uns also die ovidischen Worte für die Chronologie der Gedichte Tibulls kein Argument', so schliefsen wir mit Hiller.

Die Gedichte des Lygdamus traten nach Birt[1]) in der Weise in den Buchhandel ein, dass sie von den Sosii zu einem Bestandteil des zweiten Tibullbuches gemacht wurden. Doch die Form der Überlieferung spricht vielmehr entschieden dafür, dass die vermischten Gedichte des nach den mafsgebenden Handschriften dritten Buches (III + IV) zusammen edirt wurden. Wo stammte diese Sammlung her? Man nimmt an, aus dem Messallaschen Nachlass[2]). Allein dann wäre doch erstens auffällig, dass die Elegie an Messalla (catal. 11)[3]) nicht auch Aufnahme fand. Wie sollten ferner die Briefe der Sulpicia in das Familienarchiv gekommen sein? Sie hat doch

---

[1]) Das antike Buchwesen, Berlin 1882, pg. 428.
[2]) Schanz, Röm. Litteraturgeschichte II, pg. 107.
[3]) vgl. O. Ribbeck, Römische Dichtung II, pg. 200.

nicht den ‚nimium studiosus' (IV 8, 5) zum Vertrauten gemacht, sondern den Freund des Geliebten, und hat ihm, dem Dichter, Einblick in ihre dichterischen Versuche gewährt. Es ist kein Grund zu bezweifeln, dass der von IV 2 und IV 7[1]) umrahmte Cyclus[2]) von Tibull verfasst ist[3]): er ist von dem an den Kalenden des März gratulirenden Dichter der Sulpicia überreicht[4]), aber schwerlich je in Messallas Hand gelangt, während das Gegenstück dieses Geschenkes, das dem Geliebten Sulpicias später gewidmete Gedicht II 2, einem gröfseren Kreise zugänglich gemacht und in das Buch aufgenommen werden konnte, in dem (aufser II 4) Freunden dedicirte Elegien Aufnahme fanden. Das Exemplar, dem wir die Erhaltung dieses lieblichen Liederkranzes verdanken, wird mit den Billeten der Sulpicia im Nachlasse Tibulls gefunden sein. Ebenda fanden sich, und nur da konnten sich finden die beiden einzigen erotischen Gelegenheitsgedichte (im eigentlichen Sinne) des Tibull: IV 14 hat er nur für sich gedichtet und auch IV 13, welches Postgate ihm merkwürdiger Weise abspricht[5]), hat er für keinen

---

[1]) Mit Unrecht hat man IV 7 von diesem Cyclus trennen wollen. Mit dem Nachweis sprachlicher Übereinstimmungen lässt sich die Frage nicht entscheiden, da Sulpicia den Tibull darin nachgeahmt haben könnte. Aber entscheidend ist Ehwalds Hinweis auf den Bau des Verses 7: attulit in nostrum deposuitque sinum (vgl. Magnus pg. 262 sq.; oben pg. 17). Dass man in IV 7 schon das ‚weibliche Latein' finden wollte, beruht auf einer Verkennung der Ethopoiie: der Dichter hat es hier wie in IV 5 und auch 3 meisterhaft verstanden, die Worte der Empfindung anzupassen.
[2]) vgl. pg. 81, Anm. 2.
[3]) O. Ribbeck sagt pg. 196: ‚Der tibullischen Weise sind dieselben fremd: sie atmen Stadtluft, der Verfasser hat Sinn für die Eleganz der vornehmen Gesellschaft Roms'. Allein dann könnte man auch z. B. II 3 und 4 der tibullischen Weise fremd nennen.
[4]) vgl. pg. 69. — So erledigt sich wohl auch, was Lachmann (Hallische Litteratur-Zeitung 1836) bemerkt: ‚die Unschicklichkeit, dass Sulpicia durchaus mit ihrem eignen Namen genannt wird und ihr Geliebter mit einem nom de guerre'; sie hatte ihn Cerinth genannt, in der ihr, aber nur ihr, überreichten Sammlung konnte und brauchte ihr Name nicht verschwiegen werden.
[5]) vgl. Magnus pg. 359 sqq.

dritten, dem er den Namen der Geliebten zu nennen gehabt
hätte, bestimmt. Wer sie gewesen, ist eine vergebliche Frage.
Dass die Gedichtsammlung des Lygdamus, aus der ein
Stück an die Freunde gerichtet ist, sich ebenfalls im Nachlasse Tibulls befand, dürfen auch die glauben, welche nicht
hinter Lygdamus einen Albius vermuten. Ein Exemplar des
paneg. konnte der Dichter oder der Gefeierte dem Tibull gegeben haben.
Angesichts der vorliegenden Sammlung ist nicht wahrscheinlich, dass der Herausgeber etwas von dem gefundenen
zurückbehalten hat, und an und für sich ist anzunehmen, dass
Tibulls eigener Nachlass alles enthalten hat, was er gedichtet
hat.[1]) Der Herausgeber hat, was er fand, der Gröfse nach
geordnet: das Buch Lygdamus hat 290 Verse, der paneg. 212;
der Sulpiciacyclus 124, die Gedichte der Sulpicia 30, c. 13

[1]) Dieser Annahme steht auch Hor. c. I 33 nicht im Wege. Hier
entlehnt, wie Kiefsling bemerkt, Horaz den Namen Lycoris den Elegien
des Gallus, den der spröden Pholoe der eigenen Dichtung Tibulls
(I 8, 69). Wer dies Gedicht kennt, weifs von Pholoe, dass sie jung und
schön ist; und die folgenden Worte *turpi adultero* und *imparis formas*
bieten nun keine Schwierigkeit. Horaz will also in V. 8 offenbar auf
ein Gedicht des ersten Buches anspielen. Weniger klar ist, woran er
in der ersten Strophe denkt. Vermutlich an die übrigen Gedichte des
ersten Buches; dass *laesa fide* auf das Verhältnis zu Delia besser passt
als auf das zu Nemesis, ist einleuchtend. Der Zweck des ganzen Gedichts wäre demnach: für das erste Buch des Freundes anerkennend
und dankend zu quittiren. Wie er in der letzten Strophe auf sich exemplificirt, sofern auch ihn einst die Liebe zu einer Libertine gefesselt
habe, cum melior Venus peteret, so stellt er in der ersten Strophe Tibulls Verhältnis dar wie sein jedem Leser bekanntes zur Glycera (vgl.
cc. I 19, 5; 30, 3; III 19, 28): dir ist es mit deiner ‚Glycera' gegangen
wie mir. Darum sagt er, ‚wie er sich selbst gerne aus Bequemlichkeit
für älter giebt als es seine Jahre erfordern': cur tibi *iunior* praeniteat
darum gebrauchte er statt des von Tibull gewählten Namens den Namen
Glycera. Dieser steht so fast im Sinne eines appellativum, aber nicht
als Pseudonym für Tibulls Delia noch auch für Nemesis; denn es wäre
nicht zu verstehen, warum er, der V. 8 Pholoe nennt, für ein Pseudonym ein andres Pseudonym eingesetzt haben sollte. Der Umstand,
dass Nemesis statt Glycera metrisch zulässig wäre, spricht eher dagegen
als dafür, dass er sie gemeint hat.

hat 24, c. 14 hat 4 Verse. Dazu musste III auch wegen III 1 geeignet scheinen, an der Spitze des Buches zu stehen. Über die Zeit, wann diese Schätze gehoben sind, lässt sich nur nach Lachmann sagen: schwerlich ‚ehe Messalla tot war oder wenigstens ehe er das Gedächtnis verloren hatte'; dass es vor der Zeit Martials geschehen sein kann, hat Hiller in der Recension Ullrichs nachgewiesen. Der Herausgeber hätte vielleicht eine vernünftigere Disposition getroffen, wenn er nicht alles im Nachlasse des Tibull gefundene und im Buchhandel nicht bekannte für tibullisch gehalten hätte. Ohne die Annahme, dass damals die Gedichte des zweiten Buches bereits in irgend einer Form vereinigt und in engerem oder weiterem Kreise publicirt waren, liefse sich die Entstehung dieses dritten Buches kaum erklären.

Index.

a) Tibull.

Vers	Seite	Vers	Seite	Vers	Seite
I 1, 2	. . . 84—86	I 7, 49	 44	II 5, 68	 79
5	 85	56	. . .33—37	98	. 28. 77. 90
14	 28	61	 78	6, 45	. . .79—81
25	. . . 33. 85	9, 23—24	. .88—89	III 2, 24	 72
29	 63	10, 25	 42	4, 3—4	. 63-64. 72
43	 71	36	 78	65. 66	. 44-45. 73
44	 63	46	 75	5	. . . 64—66
48	. . .82—84	50	 43	5, 3	 57
2, 19	 86	II 1, 58	. . 14. 27	11	. . .89—90
25	 42	67	. . .74—75	17—18	. 64—68
58	 90	2, 21	. . .36—37	6, 3	. . .76—77
88	 39	3, 14 a	. .45—47	21	 72
3, 4. 5.	. 15-16. 73-74	14 c	. 37—38. 47	23	. 14. 33. 63. 74
17. 18	 77	34	. . .38—41	52	 57
49. 50	. 16—19	38	 79	IV 1, 1	 68
4, 15	 62	47	 41	40	. . 72—73
43. 44	. . 5—11	49—59	. . . 43	55	 57
59	 57	58—68	. . . 61	112—112 a	. 73
5, 28	 78	59	 90	142	. 78—79
33	. 19—24. 36. 75	61	. . .59—62	175	. 74—75
42	 26	75	 43	185	. . 63. 74
47. 48	. 25-27. 40	4, 10	 57	205	. 73—74
61	. 48-51. 63. 82	12	 63	2—7	. 81—82. 94
65	. . 48—49. 88	23	 82	2, 23	. . 68—69
69	. . . 86—88	29	. 12-13. 27. 48	5, 1	 57
74	 90	36	. . . 13. 90	16	 72
76	 63	37—38	. .13—14	6, 19	. 70—71. 78
6, 7	 75	5, 4	. . .57—59	9, 2	 81
42	. . .28—30	43	 22	12	 56
70—72	. .31—33	53	 80	13, 8	 90

b) Ovid.

amor. II 14, 23—24	. . . . 64—68
III 9, 31	. . . . . 91—92
art. am. II 670	. . . . 64—65
trist. II 464	. . . . . 92—93
IV 10, 6	. . . . . 64—68

Druck von G. Bernstein in Berlin.